BABYBREI

MIT LIEBE

GEMACHT

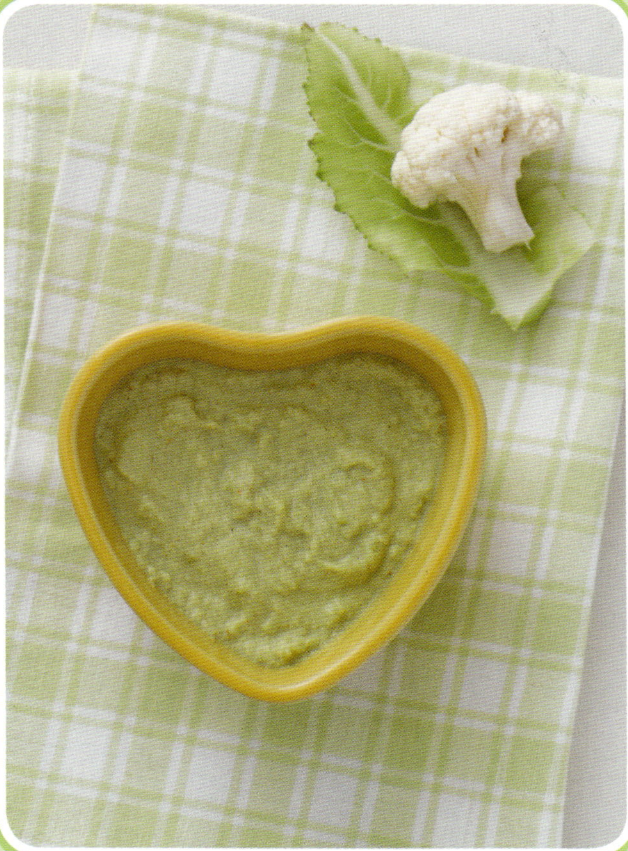

BABYBREI MIT LIEBE GEMACHT

Viele gesunde Rezepte für Ihr Kind!

LOVE FOOD® is an imprint of Parragon Books Ltd
Copyright© Parragon Books Ltd
LOVE FOOD® and the accompanying heart device is a registered trade mark of Parragon Books Ltd
in Australia, the UK, US, India and the EU.

Rezepte: Rachel Carter
Einleitung und Lebensmittelinformationen: Fiona Hunter
Fotografien: Sian Irvine
Food Styling: Korrie Bennett

Alle Rechte vorbehalten. Die vollständige oder auszugsweise Speicherung, Vervielfältigung oder
Übertragung dieses Werkes, ob elektronisch, mechanisch, durch Fotokopie oder Aufzeichnung,
ist ohne vorherige Genehmigung des Rechteinhabers urheberrechtlich untersagt.

Copyright © für die deutsche Ausgabe
Parragon Books Ltd
Chartist House
15–17 Trim Street
Bath BA1 1HA, UK

Realisation der deutschen Ausgabe: trans texas publishing, Köln
Übersetzung: Lisa Voges, Köln
ISBN 978-1-4723-0946-4
Printed in China

HINWEIS
Sind Zutaten in Löffeln angegeben, ist immer ein gestrichener Löffel gemeint: Ein Teelöffel entspricht 5 ml, ein Esslöffel 15 ml. Sofern nicht anders angegeben, wird Vollmilch (3,5 % Fett) verwendet. Es sollte stets frisch gemahlener schwarzer Pfeffer verarbeitet werden. Bei Eiern und einzelnen Gemüsesorten, z. B. Kartoffeln, verwenden Sie mittelgroße Exemplare. Alle Obst- und Gemüsesorten sollten vor der Zubereitung unter fließend kaltem Wasser abgewaschen bzw. geschält werden. Sofern die Schale von Zitrusfrüchten benötigt wird, verwenden Sie unbedingt unbehandelte Früchte.

Garnierungen, Dekorationen und Serviervorschläge sind kein fester Bestandteil der Rezepte und daher nicht unbedingt in der Zutatenliste oder Zubereitung aufgeführt.
Die angegebenen Zeiten können von den tatsächlichen abweichen, da je nach Zubereitungsmethode und vorhandenem Herdtyp Schwankungen auftreten. Optionale Zutaten, Variationen oder Serviervorschläge sind bei den Zeitangaben nicht berücksichtigt.

Kinder, ältere Menschen, Schwangere, Kranke und Rekonvaleszenten sollten auf Gerichte mit rohen oder nur leicht gegarten Eiern verzichten. Schwangere und stillende Frauen sollten den Verzehr von Erdnüssen oder erdnusshaltigen Zubereitungen vermeiden. Allergiker sollten bedenken, dass in allen in diesem Buch verwendeten Fertigprodukten Spuren von Nüssen enthalten sein könnten. Vegetarier sollten darauf achten, dass einige der Fertigprodukte tierische Produkte enthalten könnten. Bitte lesen Sie in jedem Fall zuvor die Verpackungsangabe.

Inhalt

Einleitung 6

Kapitel 1 Obst 16

Kapitel 2 Gemüse 58

Kapitel 3 Fleisch 96

Kapitel 4 Fisch 134

Register 176

Einleitung

Eine gute Ernährung ist die Grundlage für die gesunde Entwicklung Ihres Kindes, und was Ihr Nachwuchs in den ersten Jahren zu sich nimmt, hat nachhaltigen Einfluss auf seine spätere Gesundheit. Als Eltern übernehmen Sie eine wichtige Rolle, in der Sie Ihr Kind mit einer großen Lebensmittelvielfalt vertraut machen und ihm gesunde Essgewohnheiten beibringen.

Ob Sie sich als erste feste Nahrung für selbst gemachten Brei oder Fertigkost entscheiden, hängt ganz von Ihren persönlichen Bedürfnissen und Umständen ab. Viele Eltern entscheiden sich für eine Kombination aus beidem. Fertignahrung kann sicherlich sehr praktisch sein, vor allem unterwegs. Deshalb ist es sinnvoll, immer ein paar Gläschen vorrätig zu halten. Aber anders als Sie vielleicht glauben, ist selbst zubereitete Babykost weder zeitaufwendig noch besonders kompliziert, insbesondere, wenn Sie eine größere Menge zubereiten und in Portionen einfrieren. Vielmehr bietet selbst zubereitete Babynahrung diverse Vorteile:

Zuoberst steht, dass Sie die volle Kontrolle darüber haben, was Ihr Baby isst: Sie wählen jede einzelne Zutat aus und wissen, dass sie frisch, nährstoffreich und frei von Zusätzen ist. Außerdem können Sie Ihr Kind so mit einer größeren Lebensmittelvielfalt vertraut machen, als wenn Sie auf die beschränkte Auswahl von Zutaten und Geschmäckern von Fertigzubereitungen zurückgreifen müssen (beispielsweise werden Sie kaum Fertignahrung mit Melonen, Auberginen oder Avocados finden).

Hinzu kommt, dass selbst zubereitete Babykost wesentlich günstiger ist als gekaufte. Außerdem ist es die beste Art, Kleinkinder an das zukünftige Familienessen zu gewöhnen, da ihnen die Zutaten und Texturen bereits vertraut sind.

Abstillen

Die Umstellung von Milch auf feste Nahrung ist ein stufenweiser Prozess, wobei dem Baby nach und nach immer mehr feste Kost beigefüttert wird. Ab einem Alter von ungefähr sechs Monaten kann Muttermilch allein den Nährstoffbedarf des Kindes nicht mehr decken. So neigt sich beispielsweise der Nährstoffspeicher des Kindes an Eisen dem Ende zu und muss nun anderweitig gedeckt werden. Der Umstieg auf feste Nahrung stärkt zudem die zum Kauen und schließlich zum Sprechen erforderliche Mund- und Kiefermuskulatur.

Der allgemein empfohlene Zeitpunkt zum Abstillen ist nach ungefähr sechs Monaten, hängt aber letztlich vom individuellen Entwicklungsstand Ihres Babys ab. Es gibt keinen Grund, ein Baby früher als notwendig abzustillen. Vielmehr gibt es auch einige gute Argumente, warum zu frühe Beikost nicht förderlich ist: Bis zum vierten Monat nämlich ist das Verdauungssystem des Babys für andere Nahrung als Mutter- oder Anfangsmilch noch nicht ausreichend entwickelt, und ein zu frühes Abstillen kann zu einem erhöhten Risiko für Lebensmittelallergien führen.

Vom richtigen Zeitpunkt

Wenn Sie den Eindruck haben, dass Ihr Kind auch nach einer ordentlichen Milchmahlzeit noch hungrig ist oder häufiger als bisher gestillt werden möchte, ist dies oft ein Zeichen dafür, dass es bereit für festere Kost ist. Wenn Sie sich unsicher sind, fragen Sie einfach Ihren Kinderarzt.

In der ersten Zeit des Abstillens werden Breie der normalen Menge Mutter- oder Fläschchenmilch beigefüttert. Erst wenn Ihr Kind größere Breimengen verzehrt, können Sie die Milchmenge nach und nach reduzieren. Ungeachtet dessen benötigt Ihr Kind bis zu einem Alter von etwa fünf Jahren eine tägliche Milchportion von 600 ml Muttermilch bzw. ab sechs Monaten Folgemilch und ab 12 Monaten Kuhmilch.

Umstellungsphasen

Die Rezepte in diesem Buch sind alle ab einem Alter von sechs Monaten geeignet. Es empfiehlt sich, zunächst mit Breien aus nur einer Frucht- oder Gemüsesorte anzufangen, bevor Sie auch Breie aus mehreren Zutaten versuchen. Bedenken Sie, dass jedes Baby anders ist und die verschiedenen Phasen auch früher oder später als hier beschrieben erreichen kann.

Phase 1: etwa 6 Monate

Die erste festere Kost sollte entweder ganz glatt püriert oder durch ein feines Haarsieb gestrichen werden und eine nur etwas dickere Konsistenz haben als die bislang vertraute Milch.

- Füttern Sie zunächst nur 1–2 Teelöffel bei, und zwar einmal am Tag. Menge und Häufigkeit können nach und nach erhöht werden.
- Machen Sie Ihr Baby zunächst nur mit einer Zutat vertraut und füttern Sie den Brei zwei bis drei Tage hintereinander, damit Sie beobachten können, ob Ihr Kind den Brei mag/verträgt oder nicht.
- Stellen Sie sich darauf ein, dass Sie einen Brei erst zwei bis drei aufeinanderfolgende Tage anbieten müssen, bevor Ihr Baby ihn akzeptiert.
- Wählen Sie für die erste Beikost eine Tageszeit, zu der Sie entspannt sind und viel Zeit haben. Geben Sie Ihrem Baby erst etwas Milch und bieten Sie ihm zwischendurch ein Löffelchen Brei an.

> **Ausprobieren**
> - Stärkehaltige Kost (z. B. Reisflocken mit abgepumpter Muttermilch oder Milchnahrung; gekochte pürierte Kartoffel)
> - Durch ein Sieb gestrichenes oder püriertes Obst (z. B. gedünsteter Apfel oder Birne; Mango; zerdrückte Banane)
> - Durch ein Sieb gestrichenes oder püriertes gekochtes Gemüse (z. B. Karotte, Blumenkohl, Süßkartoffel, Steckrübe, Pastinake)

Phase 2: einige Wochen später

Nun können Sie beginnen, etwas dickere, gröbere Breie beizufüttern. Führen Sie weitere Zutaten ein und beginnen Sie, Zutaten zu kombinieren.

- Ihr Kind sollte nun in der Lage sein, Flüssigkeiten aus einer Schnabeltasse zu trinken. Führen Sie die Tasse zu einer bestimmten Mahlzeit ein, bei der Ihr Kind möglichst entspannt und zufrieden ist.
- Bieten Sie Ihrem Kind Knabbereien an (siehe folgende Seite), sobald es Interesse daran zeigt.
- Beim Füttern sollte Ihr Kind immer gut gesichert mit Hüft- und Schultergurten auf einem Hochstuhl oder anderen Sitz sitzen.
- In dieser Phase ist es nicht so wichtig, wie viel von der neuen Kost Ihr Baby isst, sondern dass es neue Texturen und Geschmäcker kennenlernt.

> **Ausprobieren**
> - Püriertes gekochtes Fleisch, Geflügel oder weißer Fisch (sorgfältig entgrätet)
> - Gekochte pürierte Hülsenfrüchte
> - Gekochter Reis
> - Gekochte Nudeln (sehr kurze Formen)
> - Hart gekochtes Ei (Eigelb und Eiweiß müssen ganz durchgekocht sein)
> - Vollmilchprodukte (z. B. Naturjoghurt, Frischkäse, geriebener milder Käse)
> - Getreideprodukte (z. B. Getreidebreie, Dinkelkekse)

Phase 3: etwa 7–8 Monate

Wenn Ihr Baby bereit dafür scheint, können Sie nun grob zerdrückte oder sehr fein gehackte Kost füttern. Es kann sein, dass Ihr Kind die Stückchen erst ausspuckt, nach und nach aber lernt, sie zu kauen. In dieser Phase sollte Ihr Kind drei Mahlzeiten täglich erhalten.

- Lassen Sie Ihr Kind beim Essen nie allein, es könnte sich verschlucken.
- Geben Sie Ihrem Baby keine Nahrung, an der es ersticken könnte, wie z. B. Popcorn, Würstchenstücke, Nüsse und Saaten sowie größere Fleischstücke. Trauben (auf jeden Fall kernlos) oder Cocktailtomaten sollten vorher längs halbiert werden.

Ausprobieren

- Weiche Fruchtstücke (z. B. Banane oder Birne)
- Zuckerreduzierter Zwieback
- Knabbergebäck
- Toast- oder Pitabrot in Streifen
- Käsestücke
- Karotten-, Gurken-, Sellerie- oder Paprikastreifen

Phase 4: 9–12 Monate

Am Ende dieser Phase hat Ihr Baby sich an gemischte Kost gewöhnt, vorausgesetzt sie ist gehackt. Versuchen Sie, so viel Abwechslung wie möglich reinzubringen – so kann der Nährstoffbedarf des Kindes am besten abgedeckt werden. Während der ganzen Umstellung bleibt Milch ein wichtiger Bestandteil der Ernährung. Doch nimmt die Menge, Vielfalt und Textur der festen Kost beständig zu. Um den ersten Geburtstag sollte Ihr Kind im Allgemeinen dasselbe essen können wie der Rest der Familie, braucht aber nach wie vor 600 ml Milch täglich.

- Lassen Sie Ihr Kind aktiv am Essen teilnehmen, auch wenn dies eine Riesensauerei bedeutet. Bereiten Sie den Essplatz also entsprechend vor. Warten Sie, bis Ihr Kind seine Mahlzeit beendet hat, bevor Sie Kind und Platz sauber machen. Ständiges Gesichtabwischen kann das Kind als unangenehm empfinden und ihm den Spaß am Essen verderben.
- Animieren Sie Ihr Kind, selbst mit dem Löffel zu essen. Ein Kunststofflatz mit Auffangmulde kann sehr praktisch sein.
- Lassen Sie sich Zeit beim Essen; nehmen Sie nach Möglichkeit die Mahlzeiten zusammen ein.
- Ab etwa neun Monaten kann die Babykost dem normalen Familienspeiseplan angepasst werden. Durch das gemeinsame Essen findet Ihr Kind Gefallen an sozialen Kontakten zum Rest der Familie, und es bietet eine gute Gelegenheit, sich soziale Kompetenzen und Tischmanieren anzueignen.

Gesundes Essen

Was ist gesunde, ausgewogene Kost?

Alle Eltern wollen das Beste für ihr Kind, und beim Thema Gesundheit ist das Beste, was Sie tun können, für eine gesunde und ausgewogene Ernährung zu sorgen. Nur dadurch erhält das Kind alle nötigen Nährstoffe für eine gesunde Entwicklung und so auch eine gute Basis für die spätere Gesundheit. Darüber hinaus stärkt eine gesunde Ernährung das Immunsystem und bietet Schutz vor Herzerkrankungen, Diabetes und sogar einigen Krebsarten im fortgeschrittenen Alter.

Es ist nie zu früh, sich über die gesunde Ernährung von Babys und Kleinkindern Gedanken zu machen: Die Kleinen haben einen hohen Energie- und Nährstoffbedarf, aber einen kleinen Magen. Das bedeutet, dass ihr Nährstoffbedarf durch eine ballaststoffreiche, fettarme Ernährung, wie sie für uns Erwachsene empfohlen wird, kaum gedeckt werden kann.

Eine abwechslungsreiche Kost mit Lebensmitteln aus allen Lebensmittelgruppen ist die beste Art, Babys und Kleinkinder mit allen Nährstoffen, die sie für ihr Wohlgedeihen benötigen, zu versorgen.

Getreide und Kartoffeln

Dazu gehören alle Arten von Brot, Nudeln, Reis, Couscous, Kartoffeln und Frühstückszerealien.

- Glutenhaltige Lebensmittel (aus Weizen, Haferflocken, Gerste und Roggen) sollten erst ab dem sechsten Monat gefüttert werden.
- Ab einem Alter von etwa neun Monaten sollte Ihr Kind drei bis vier Portionen täglich aus dieser Gruppe erhalten.

Obst und Gemüse

Dazu zählen frische, tiefgefrorene und Konservenprodukte sowie Trockenfrüchte, aber auch Fruchtsäfte, die allerdings nur verdünnt und vorzugsweise zu einer Mahlzeit serviert werden sollten.

- Ab etwa dem neunten Lebensmonat sollte Ihr Kind drei bis vier Portionen täglich aus dieser Gruppe erhalten.
- Vitamin C aus Obst oder Gemüse unterstützt die Aufnahme von Eisen in anderen Lebensmitteln. Deshalb sollte zu jeder Mahlzeit auch Obst und Gemüse gehören.

Fleisch, Fisch und Ersatzprodukte

In dieser Gruppe befinden sich Fleisch, Fisch, Eier, Tofu und Hülsenfrüchte (Erbsen, Bohnen und Linsen). Diese Lebensmittel liefern Proteine, Eisen und Zink sowie einige andere wichtige Mineralien und Vitamine.

- Ab einem Alter von etwa neun Monaten sollte Ihr Kind zwei Portionen täglich aus dieser Gruppe erhalten.

Milch und Milchprodukte

Hierzu zählen unter anderem Milch, Käse, Joghurt und Frischkäse. Sie alle sind eine ausgezeichnete Kalziumquelle, ein besonders wichtiges Mineral für das Knochenwachstum und gesunde Zähne.

- Kinder unter zwei Jahren sollten vorzugsweise Vollmilch und Vollmilchprodukte erhalten. Für ihr Wachstum benötigen sie viele Kalorien, weshalb von fettreduzierten Produkten abzuraten ist. Halbfettmilch kann ab zwei Jahren eingeführt werden (vorausgesetzt das Kind hat einen guten Appetit und erhält eine abwechslungsreiche Kost). Magermilch ist ab fünf Jahren zu empfehlen (auch hier: nur wenn das Kind ein guter Esser ist). Holen Sie sich dazu auch den Rat Ihres Kinderarztes ein.

- Kuhmilch kann ab dem sechsten Monat gegeben werden, wenngleich Experten für das erste Lebensjahr nur Brust- oder Anfangsmilch empfehlen. Ein guter Kompromiss ist, Kuhmilch für Breie zu verwenden und Muttermilch oder Milchnahrung zum Trinken zu reichen.

- Ab dem sechsten Monat können Sie zu Folgemilch übergehen. Sie wurde speziell entwickelt, um den steigenden Nährstoffbedarf des Kindes zu decken, und enthält mehr Eisen und Vitamin D sowie weniger gesättigte Fettsäuren als Kuhvollmilch.

Nahrung mit gesättigten Fettsäuren und Zucker

Dazu zählen Chips, Weißmehlprodukte und Süßigkeiten, die nur gelegentlich in sehr kleinen Mengen verzehrt werden sollten. Zuckerhaltige Lebensmittel und Getränke, selbst wenn es sich um natürliche Zucker handelt wie in Obst und Fruchtsäften, sollten wenn möglich nur zu den Mahlzeiten eingenommen werden, um das Risiko von Zahnschäden zu minimieren. Babys und Kleinkinder brauchen bestimmte Fette, doch sollte die Kost die richtigen, gesunden Fette enthalten, wie zum Beispiel Avocados, Olivenöl und Fettfisch, und keine gesättigten Fettsäuren, wie sie in Chips, Süßigkeiten und Kuchen stecken.

Bitte nicht!

- Salz gehört nicht in Babykost! Auch wenn Ihnen das Essen fad scheinen mag, für Ihr Baby ist es genau richtig. Verwenden Sie keine Instantbrühe, da sie sehr salzhaltig sein kann (siehe Seite 14, Rezept Gemüsebrühe). Prüfen Sie die Angaben zu Natrium- und Salzgehalt von Fertignahrung; Babys unter 12 Monaten sollten weniger als 1 g Salz pro Tag zu sich nehmen.
- Vermeiden Sie gezuckerte oder gesalzene Konserven. Verwenden Sie in Wasser konservierten Gemüsemais oder Bohnen und Obst im eigenen Saft und nicht in Sirup. Fisch wie beispielsweise Thunfisch sollte ebenfalls in Wasser oder Öl konserviert sein und nicht in salzhaltiger Lake.
- Süßen Sie Speisen weder mit Zucker noch mit Zuckerersatzstoffen. Das kann dazu führen, dass das Verlangen nach Süßem verstärkt wird und die Zähne geschädigt werden. Alternative Süßungsmittel wie Agavendicksaft, Rohrzucker, Honig, Rübensirup oder Fruktose sind nicht gesünder als weißer Zucker. Honig sollten Babys erst nach dem ersten Lebensjahr essen, da er Bakterien enthalten kann, die zu schweren Erkrankungen führen können.
- Glutenhaltige Lebensmittel wie Brot, Nudeln und einige Frühstückszerealien sollten erst ab dem sechsten Monat gegeben werden.
- Kinder unter fünf Jahren sollten wegen der Erstickungsgefahr keine ganzen Nüsse zu essen bekommen. Nussmus und gemahlene oder gehackte Nüsse sind in Ordnung.
- Unpasteurisierte Milch und Rohmilchkäse sind für Kinder unter einem Jahr nicht geeignet.
- Fettreduzierte Produkte sind für Babys und unter Zweijährige nicht zu empfehlen, da Fett eine wichtige Kalorienquelle ist und auch einige Vitamine enthält.
- Rohe bzw. nicht ganz durchgegarte Eier sollten vermieden werden. Eier können ab dem sechsten Lebensmonat gefüttert werden, aber nur wenn sowohl Eigelb als auch Eiweiß ganz durchgegart sind.
- Da bestimmte Seefische wie Thunfisch, Heilbutt oder Schwertfisch potenziell besonders mit Quecksilber belastet sind, sollten sie nicht an Babys verfüttert werden. Das Schwermetall beeinträchtigt die Entwicklung des Nervensystems.
- Aufgrund der erhöhten Gefahr einer Lebensmittelvergiftung sollten Kinder rohes Fleisch, Fisch und Meeresfrüchte erst ab einem Alter von fünf Jahren verspeisen.

Tipps für eine gute Ernährung

- Kinder sollten so früh wie möglich gesunde Essgewohnheiten übernehmen. Schlechte Angewohnheiten lassen sich später nur schwer wieder abgewöhnen.
- Für Kinder zwischen einem und fünf Jahren wird die Einnahme von Vitamin A und D empfohlen. Dasselbe gilt für Babys, die weniger als 500 ml Milchnahrung pro Tag trinken, ab dem sechsten Monat oder nach Empfehlung des Kinderarztes auch früher.
- Während des ersten Lebensjahres sind Babys besonders empfänglich für neue Geschmäcker. Nutzen Sie deshalb die Möglichkeit, möglichst viele neue Lebensmittel mit unterschiedlichen Geschmäckern und Texturen einzuführen.
- Zu vegetarischen Mahlzeiten sollte stark verdünnter Fruchtsaft statt Wasser gereicht werden, da das Vitamin C die Aufnahme von Eisen in Gemüse und Hülsenfrüchten verbessert.
- Getränke sollten ungefähr ab dem ersten Lebensjahr nicht mehr in Flaschen, sondern in Tassen oder Bechern gereicht werden. Ab diesem Alter sollte eine Portion 100–125 ml betragen.
- Ihr Kind sollte sechs bis acht Getränkeeinheiten (Wasser, verdünnter Fruchtsaft oder Milch) pro Tag zu sich nehmen, jeweils zu den Mahlzeiten und dazwischen oder mit einem Imbiss.

Lebensmittelallergien und Unverträglichkeiten

Wenn ein Elternteil oder Geschwisterkind an Asthma, einem Ekzem oder einer Lebensmittelallergie/-intoleranz leidet, besteht auch bei Ihrem Baby ein erhöhtes Risiko. Falls Sie befürchten, dass auch Ihr Kind allergische Reaktionen zeigen könnte, sollten die ersten verfütterten Lebensmittel möglichst allergiearm sein wie beispielsweise Reis, Kartoffeln, grünes Gemüse, Äpfel, Birnen, Bananen oder Steinobst. Wenn die Umstellung auf feste Kost abgeschlossen ist, können Sie auch kritischere Lebensmittel ausprobieren. Dazu gehören:

- Milchprodukte (z. B. Kuhmilch, Joghurt, Frischkäse, Käse)
- Weizen und anderes glutenhaltiges Getreide
- Eier
- Fisch und Meeresfrüchte
- Nüsse
- Sesamsaat
- Sojaprodukte
- Sellerie und Karotten
- Geschwefelte Produkte (Gelees, einige Getränke und Trockenfrüchte)
- Zitrusfrüchte
- Tomaten
- Erdbeeren

Diese Lebensmittel sollten einzeln, an zwei bis drei aufeinanderfolgenden Tagen eingeführt werden, damit Sie beobachten können, wie Ihr Kind darauf reagiert. Erst dann können Sie ein neues ausprobieren. Wichtig ist, dass Lebensmittelallergien und -unverträglichkeiten fachkundig diagnostiziert werden. Beim Verdacht auf eine Allergie/Intoleranz sollten Sie auf jeden Fall Ihren behandelnden Kinderarzt konsultieren.

Gemüsebrühe

 Vorbereiten: 10 Minuten
 Garen: 25–30 Minuten
 Ergibt: 1 l

Zutaten

1 Knoblauchzehe
1 Zwiebel
1 Karotte
1 Selleriestange
4 schwarze Pfefferkörner
1 Handvoll frische glatte Petersilienstängel
1 l Wasser

Knoblauch und Zwiebel abziehen und grob hacken. Die Karotte schälen und in grobe Stücke schneiden. Den Sellerie putzen und ebenfalls in grobe Stücke schneiden.

Das Gemüse in einen großen Topf geben. Pfefferkörner, Petersilie und Wasser zufügen.

Bei geschlossenem Deckel zum Kochen bringen. Dann die Hitze reduzieren und 25–30 Minuten köcheln. Den Topf vom Herd nehmen und die Brühe abkühlen lassen.

Die Brühe durch ein Haarsieb passieren. Sofort verwenden oder bis zu 48 Stunden im Kühlschrank aufbewahren bzw. bis zu acht Monate einfrieren.

Küchenhelfer

Babykost selbst zubereiten erfordert weder viel Zeit noch allzu spezielles Küchengerät. Falls er nicht schon zu Ihrer Küchenausstattung gehört, empfiehlt sich die Anschaffung eines **Standmixers** oder des entsprechenden Aufsatzes für die **Küchenmaschine**. Alternativ können Lebensmittel auch mit einem **Stabmixer** direkt im Topf zerkleinert werden. In der ersten Phase des Abstillens kann gekochtes Obst und Gemüse auch durch ein feines **Haarsieb** gestrichen werden, um auch Pflanzenfasern und Kernchen oder schwer verdauliche Schalen und Häute, wie beispielsweise von Hülsenfrüchten, zurückzuhalten.

Zu Beginn wird Ihr Baby bei jeder Mahlzeit wahrscheinlich nicht mehr als ein paar Löffelchen feste Kost zu sich nehmen. Deshalb empfiehlt es sich, den Brei in **Eiswürfelformen** zu portionieren, einzufrieren und bei Bedarf aufzutauen. Wenn Sie mehrere Portionen zubereiten, können Sie die gefrorenen Breie aus der Form lösen und in einem **wiederverschließbaren Gefrierbeutel** aufbewahren. Wenn Ihr Baby älter wird und größere Portionen isst, können Sie kleine **Gefrierbehälter** mit dicht schließenden Deckeln verwenden. Kennzeichnen Sie die Behälter sorgfältig mit Inhalt und Datum. Die meisten selbst zubereiteten Babygerichte halten sich bis zu 48 Stunden im Kühlschrank oder bis zu acht Wochen im Gefrierfach.

Lebensmittelsicherheit

Gute Lebensmittelhygiene ist wichtig für jeden. Wenn Sie
Nahrung für Babys vor- und zubereiten, gilt dies umso mehr.

- Bevor Sie mit der Zubereitung beginnen, waschen Sie sich die Hände gründlich mit Wasser und Seife und trocknen Sie sie mit einem sauberen Handtuch.
- Sämtliche Küchengeräte sollten sauber sein. Wenn Sie schon vor dem sechsten Monat abstillen, sollten sie sogar sterilisiert werden. Ab dem sechsten Monat müssen Geschirr und Besteck nicht mehr sterilisiert werden. In einer Geschirrspülmaschine sollte Babygeschirr (bitte erst auf Spülmaschinentauglichkeit prüfen) im oberen Korb positioniert und mit der höchsten Temperatureinstellung gereinigt werden. Beim Handspülen sollten Sie möglichst heißes Wasser und ein antibakterielles Spülmittel verwenden.
- Waschen Sie Ihre Hände immer, wenn Sie erst Rohes, dann Gekochtes anfassen. Verwenden Sie separate Messer, Schneidebretter und Utensilien für Rohes und Gekochtes oder spülen Sie sie dazwischen mit heißem Seifenwasser ab.
- Lagern Sie rohe und gekochte Lebensmittel in getrennten Fächern im Kühlschrank, und zwar so, dass Rohes nicht auf Gekochtes tropfen kann.
- Falls die Babykost eingefroren werden soll, sollte dies so schnell wie möglich nach der Zubereitung erfolgen. Geben Sie aber nie heißes oder warmes Essen in den Kühlschrank oder ins Gefrierfach. Größere Mengen kühlen schneller ab, wenn sie in kleinere Portionen teilen oder in einem Behälter mit großer Grundfläche verteilen. Bei warmen Außentemperaturen stellen Sie den Behälter auf eine Schüssel mit Eiswasser. Babykost sollte eine Stunde nach der Zubereitung abgekühlt und dann in den Kühlschrank gestellt werden.
- Aufgetautes darf nicht wieder eingefroren werden, es sei denn, es wurde zwischenzeitlich gekocht (z. B. rohes Fleisch wie Hackfleisch, das gefroren, aufgetaut und gekocht wurde, darf als gekochte Sauce Bolognese wieder eingefroren werden).
- In Gläschen oder Flaschen abgefüllte Babykost sollte nur mit einem sauberen Löffel entnommen werden. Was das Kind nicht isst, sollte entsorgt und auf keinen Fall zurückgefüllt werden.
- Speisen sollten gründlich erhitzt und abgekühlt werden, bevor sie dem Kind verfüttert werden. Erwärmen Sie Selbstzubereitetes in der Mikrowelle oder auf dem Herd, bis es dampfend heiß ist, und lassen Sie es dann so weit abkühlen, bis es verfüttert werden kann. Prüfen Sie immer wieder die Temperatur; das ist vor allem wichtig, wenn das Essen in der Mikrowelle erhitzt wird. Babykost in Gläschen sollte im Wasserbad erhitzt werden. Essen sollte nie mehr als einmal aufgewärmt und Reste entsorgt werden.

Kapitel 1
Obst

Hier ist Platz für mein Foto.

Mein erster Obstbrei:

....

....

....

....

Mein Lieblingsobst/-rezept:

....

....

....

....

Erinnerungen:

....

....

....

....

Banane to go

Bananen sind reich an Kalium und gut verwertbaren Kohlenhydraten. Zudem haben sie den Vorteil, dass sie in ihrer eigenen Verpackung daherkommen. Das macht sie zu einem idealen Essen für unterwegs – für Babys und Eltern.

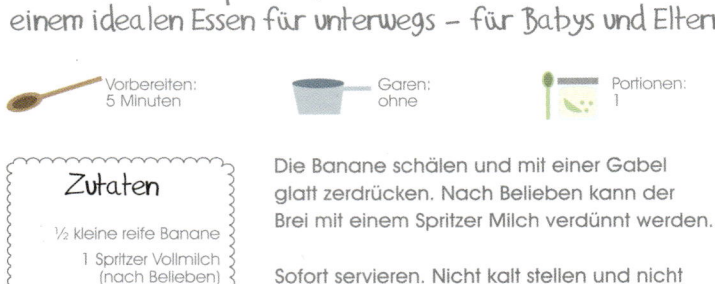

Vorbereiten: 5 Minuten

Garen: ohne

Portionen: 1

Zutaten

½ kleine reife Banane
1 Spritzer Vollmilch (nach Belieben)

Die Banane schälen und mit einer Gabel glatt zerdrücken. Nach Belieben kann der Brei mit einem Spritzer Milch verdünnt werden.

Sofort servieren. Nicht kalt stellen und nicht einfrieren.

Notizen

Melonenbrei

Für Babys sind alle Melonensorten geeignet, vorausgesetzt sie sind vollreif, saftig und süß. In orangefleischigen Sorten wie Charentais oder Cantaloupe steckt besonders viel Betakarotin und auch eine ordentliche Portion Vitamin C.

Vorbereiten: 5 Minuten

 Garen: ohne

 Portionen: 1

Zutaten

1 schmale Melonenspalte

Die Melonenkerne entfernen. Das Fruchtfleisch von der Schale lösen, in Stücke schneiden und glatt pürieren.

Sofort servieren oder im Kühlschrank kalt stellen, aber noch am Tag der Zubereitung aufbrauchen. Nicht einfrieren.

Tipp
Wenn die Frucht noch nicht vollreif ist, kann man sie vor dem Pürieren kurz dämpfen.

Notizen

Mango-Tango

Mangos sind reich an Vitamin C und enthalten viel Vitamin E. Dieses Antioxidans stärkt das Immunsystem und unterstützt die Hautfunktion. Mangos sind ideal, um Ihr Kind mit Tropenfrüchten vertraut zu machen.

Vorbereiten: 5 Minuten

Garen: ohne

Portionen: 2–3

Zutaten

1 kleine, vollreife Mango

Die Mango schälen und das Fruchtfleisch in Scheiben vom Stein schneiden. Mit einer Gabel glatt zerdrücken und durch ein Haarsieb streichen, um grobe Fasern zurückzuhalten.

Sofort servieren oder bis zu 48 Stunden im Kühlschrank kalt stellen bzw. bis zu acht Wochen einfrieren.

Tipp

Wenn die Mango noch zu fest ist, schlagen Sie sie in Zeitungspapier ein und lassen Sie sie ein paar Tage an einem dunklen Ort liegen. So reift sie schnell nach.

Notizen

Birnenbrei

Untersuchungen haben ergeben, dass Birnen zu den Obstsorten gehören, die am wenigsten Allergien auslösen, was sie zu einer idealen Babykost macht. Sehr weiche, reife Birnen müssen nicht gekocht werden.

 Vorbereiten: 5 Minuten

 Garen: 10 Minuten

 Portionen: 2–3

Zutaten

1 kleine, vollreife Birne
2 EL Wasser

Die Birne schälen, entkernen und würfeln. Mit dem Wasser in einen Topf geben und zum Kochen bringen. Dann 5–8 Minuten dünsten, bis die Birnenwürfel weich sind.

Die Birne abtropfen lassen; dabei das Kochwasser auffangen. Die Birne glatt pürieren und, falls nötig, mit etwas Kochwasser verdünnen.

Lauwarm servieren oder bis zu 48 Stunden im Kühlschrank kalt stellen bzw. bis zu acht Wochen einfrieren.

Notizen

Avocadocreme

Avocados sind eine gute Quelle für mehrfach ungesättigte Fettsäuren, die die Gesundheit des Herzens unterstützen, und stecken voller wichtiger Nährstoffe. Wenn Ihrem Baby Avocado pur nicht so schmeckt, können Sie etwas Bananenbrei untermischen.

 Vorbereiten: 5 Minuten

 Garen: ohne

 Portionen: 1

Zutaten

½ kleine, vollreife Avocado
1 Spritzer Vollmilch (nach Belieben)

Den Stein herauslösen und das Fruchtfleisch mit einem Löffel aus der Schale schaben. Mit einer Gabel glatt zerdrücken. Nach Belieben den Avocadobrei mit etwas Milch verdünnen.

Sofort servieren. Nicht kalt stellen und nicht einfrieren.

Tipp

Dieser Brei sollte direkt vor dem Verzehr zubereitet werden, da Avocadofleisch schnell oxidiert und sich dunkel verfärbt.

Notizen

Notizen

Aprikosen-Pflaumen-Brei

Getrocknete Früchte wie Aprikosen oder Backpflaumen haben eine natürlich konzentrierte Süße, die Babys mögen. Durch ihren hohen Ballaststoffanteil wirken sie leicht abführend und damit unterstützend bei Verstopfung.

Vorbereiten:
5 Minuten
+ Einweichen

Garen:
10 Minuten

Portionen:
2–3

Zutaten

6 getrocknete Aprikosen, über Nacht eingeweicht

2–3 entsteinte Backpflaumen, über Nacht eingeweicht

Die Trockenfrüchte abtropfen lassen. In einen Topf geben, mit heißem Wasser bedecken und zum Kochen bringen. Dann die Hitze reduzieren und 10 Minuten köcheln lassen, bis die Früchte sehr weich sind.

Die Trockenfrüchte abtropfen lassen; dabei das Kochwasser auffangen. Nach Belieben die Trockenfrüchte durch ein Haarsieb streichen, um die Fasern zurückzuhalten. Falls nötig, mit etwas Kochwasser verdünnen.

Lauwarm servieren oder bis zu 48 Stunden im Kühlschrank kalt stellen bzw. bis zu acht Wochen einfrieren.

Tipp

Kaufen Sie nach Möglichkeit ungeschwefelte Aprikosen. Denn die Sulfite, mit denen die leuchtende Farbe der Trockenfrüchte konserviert wird, können bei Babys Asthma oder Allergien auslösen.

Apfel-Birnen-Mark

Äpfel und Birnen sind eng verwandt und schmecken deshalb auch gut zusammen. Wie Bananen und Steinobst sind sie nur sehr gering allergen und deshalb besonders geeignet als erstes Obst für kleine Kinder.

Vorbereiten:
5 Minuten

Garen:
10 Minuten

Portionen:
4–6

Zutaten

1 Tafelapfel
1 vollreife Birne
3 EL Wasser

Apfel und Birne schälen, entkernen und würfeln. Mit dem Wasser in einen Topf geben und zum Kochen bringen. Dann die Hitze reduzieren und bei geschlossenem Deckel 7–10 Minuten dünsten, bis die Würfel sehr weich sind. Regelmäßig kontrollieren, dass sie nicht am Topfboden anbrennen. Etwas abkühlen lassen.

Das Apfel-Birnen-Mark abtropfen lassen; dabei das Kochwasser auffangen. Falls nötig, kann das Mark noch mit etwas Kochwasser verdünnt werden.

Lauwarm servieren oder bis zu 48 Stunden im Kühlschrank kalt stellen bzw. bis zu acht Wochen einfrieren.

Tipp

Wählen Sie einen Tafelapfel mit wenig Säure, dessen Fruchtfleisch beim Garen leicht zerfällt.

Notizen

Obstgarten-Brei

Äpfel, Birnen und Pfirsiche lassen sich perfekt zu einem leckeren und leicht verdaulichen Kompott pürieren. Falls es zu flüssig gerät, können Sie ein paar Reisflocken unterrühren.

 Vorbereiten: 5–10 Minuten

 Garen: 10 Minuten

 Portionen: 4–6

Zutaten

1 kleiner Tafelapfel
1 kleine, vollreife Birne
3 EL Wasser
1 kleiner, vollreifer Pfirsich

Apfel und Birne schälen, entkernen und würfeln. Mit dem Wasser in einen Topf geben und zum Kochen bringen. Dann die Hitze reduzieren und bei geschlossenem Deckel 7–10 Minuten sehr weich dünsten. Dabei regelmäßig prüfen, dass sie nicht am Topfboden anbrennen. Etwas abkühlen lassen.

Inzwischen den Pfirsich unten kreuzweise einschneiden und 1–2 Minuten in eine Schale mit kochend heißem Wasser geben. Abtropfen lassen, dann die Haut abziehen. Den Pfirsich entsteinen und klein würfeln.

Das Apfel-Birnen-Kompott abtropfen lassen; dabei das Kochwasser auffangen. Zusammen mit dem Pfirsich glatt pürieren. Falls nötig, etwas Kochwasser unterrühren.

Lauwarm servieren oder bis zu 48 Stunden im Kühlschrank kalt stellen bzw. bis zu acht Wochen einfrieren.

Notizen
....
....
....

Notizen

Pfirsich-Melba-Brei

Himbeeren enthalten reichlich Vitamin C, das unverzichtbar für ein gesundes Immunsystem ist. Servieren Sie Vitamin-C-reiche Kost immer zu Getreide wie Reisflocken, um die Eisenaufnahme zu erleichtern.

Vorbereiten:
5 Minuten

Garen:
10–15 Minuten

Portionen:
2

Zutaten

2 vollreife Pfirsiche
4 EL Wasser
100 g Himbeeren

Die Pfirsiche unten kreuzweise einschneiden und 1–2 Minuten in eine Schüssel mit kochend heißem Wasser geben. Gut abtropfen lassen, dann die Haut abziehen. Die Pfirsiche entsteinen und das Fruchtfleisch klein würfeln. Mit dem Wasser in einen Topf geben.

Bei geschlossenem Deckel 8–10 Minuten dünsten. Dabei regelmäßig prüfen, dass die Fruchtwürfel nicht am Topfboden anbrennen.

Die Himbeeren zufügen und weitere 4–5 Minuten dünsten, bis die Beeren zerfallen sind.

Alles glatt pürieren. Nach Belieben das Kompott durch ein Haarsieb streichen, um die Himbeerkernchen zurückzuhalten.

Lauwarm servieren oder bis zu 48 Stunden im Kühlschrank kalt stellen bzw. bis zu acht Wochen einfrieren.

Blaubeer-Bananen-Brei

Bananen enthalten reichlich Oligofruktose, die zu den Ballaststoffen zählt und das Wachstum verdauungsfördernder Darmbakterien unterstützt. Außerdem schmecken sie ganz einfach lecker!

Vorbereiten: 5 Minuten

Garen: 5 Minuten

Portionen: 1

Zutaten

25 g Blaubeeren
1 EL Wasser
½ vollreife Banane

Die Blaubeeren mit dem Wasser in einen kleinen Topf geben und bei mittlerer Hitze 5 Minuten unter gelegentlichem Rühren dünsten, bis die Beeren aufgeplatzt sind.

Die Beeren glatt pürieren. Nach Belieben durch ein Haarsieb streichen, um die Häute zurückzuhalten. Etwas abkühlen lassen.

Die Banane schälen und mit einer Gabel glatt zerdrücken. Mit dem Blaubeerpüree verrühren.

Sofort servieren. Nicht kalt stellen und nicht einfrieren.

Notizen

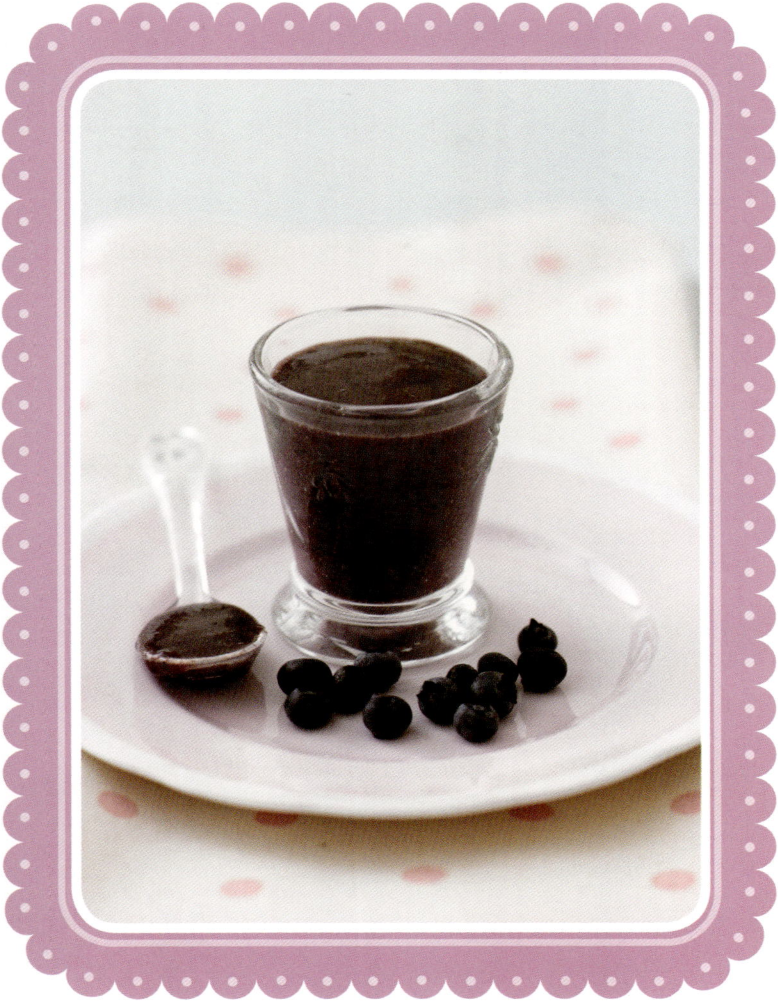

Kürbispüree

In orangefarbenen und roten Früchten und Gemüsesorten wie Kürbis, Aprikosen oder Paprika stecken viele Karotinoide. Diese antioxidativen Farbstoffe unterstützen die Hautgesundheit und das Immunsystem.

Vorbereiten: 10 Minuten

Garen: 15–20 Minuten

Portionen: 2–3

Zutaten

1 Tafelapfel
125 g Butternusskürbis
150 ml Vollmilch
1 Prise Zimt (nach Belieben)

Apfel und Kürbis schälen, entkernen und klein würfeln.

Apfel, Kürbis und Milch in einen kleinen Topf geben und bei mittlerer Hitze bei geschlossenem Deckel 15–20 Minuten sehr weich dünsten.

Apfel und Kürbis glatt pürieren und, falls verwendet, den Zimt unterrühren.

Lauwarm servieren oder bis zu 48 Stunden im Kühlschrank kalt stellen bzw. bis zu acht Wochen einfrieren.

Tipp

Manche Babys reagieren empfindlich auf Zimt. Falls Sie sich unsicher sind, lassen Sie ihn lieber weg.

Notizen

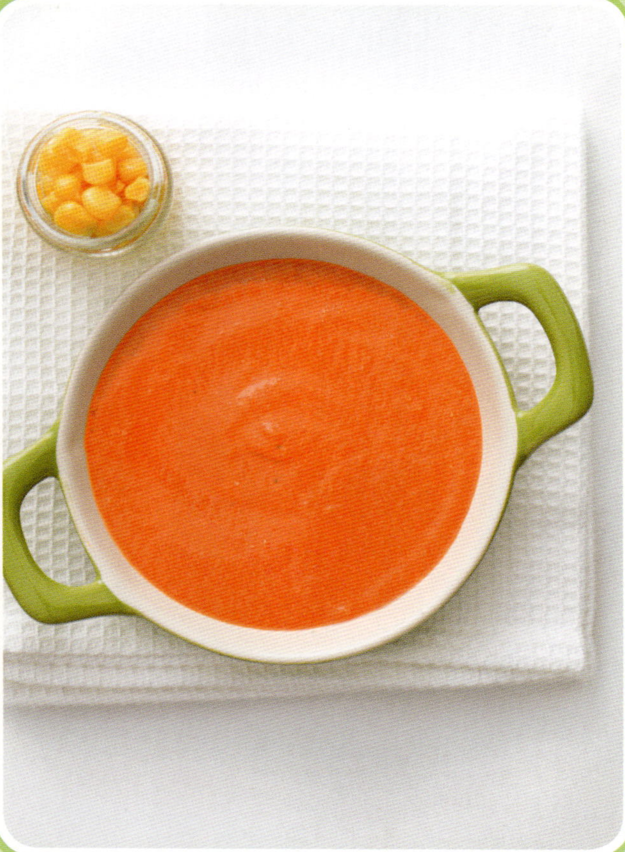

Tomaten-Mais-Brei

Auch Früchte oder Gemüse aus der Dose oder tiefgekühlt können gut zu Babykost verarbeitet werden. Sie sollten nur darauf achten, dass Früchte im eigenen Saft und nicht in Sirup und Gemüse ohne Salz- oder Zuckerzusatz konserviert wurden.

Vorbereiten: 5 Minuten

Garen: 20 Minuten

Portionen: 4

Zutaten

- 10 g Butter oder reine Pflanzenmargarine
- ½ Bund Frühlingszwiebeln, geputzt und gehackt
- 400 g gehackte Tomaten aus der Dose
- 150 g Gemüsemais (abgetropft oder aufgetaute TK-Ware)
- 1 EL fein gehacktes frisches Basilikum

Die Butter in einem Topf bei mittlerer Hitze zerlassen. Die Frühlingszwiebeln darin 3–4 Minuten andünsten, bis sie weich werden.

Tomaten und Mais zufügen und bei geschlossenem Deckel 15 Minuten köcheln lassen. Kurz vor Garende das Basilikum unterrühren. Alles glatt pürieren. Nach Belieben den Brei durch ein Haarsieb streichen, um die Maishäute zu entfernen.

Lauwarm servieren oder bis zu 48 Stunden im Kühlschrank kalt stellen bzw. bis zu acht Wochen einfrieren.

Notizen

Apfel-Blumenkohl-Brei

Äpfel und Blumenkohl sind eine erstaunliche, aber sehr leckere Kombination. Sie sind beide gute Ballaststoffquellen, die das Verdauungssystem Ihres Kindes unterstützen und Verstopfungen vermeiden.

Vorbereiten: 10 Minuten

Garen: 12–15 Minuten

Portionen: 3–4

Zutaten

1 Tafelapfel
120 g Blumenkohl
125 ml Vollmilch

Den Apfel schälen, entkernen und klein würfeln. Den Blumenkohl putzen und dicke Stiele entfernen. In kleine Röschen teilen und diese fein schneiden.

Apfel, Blumenkohl und Milch in einen kleinen Topf geben und bei mittlerer Hitze und geschlossenem Deckel 12–15 Minuten weich dünsten. Alles glatt pürieren.

Lauwarm servieren oder bis zu 48 Stunden im Kühlschrank kalt stellen bzw. bis zu acht Wochen einfrieren.

Notizen

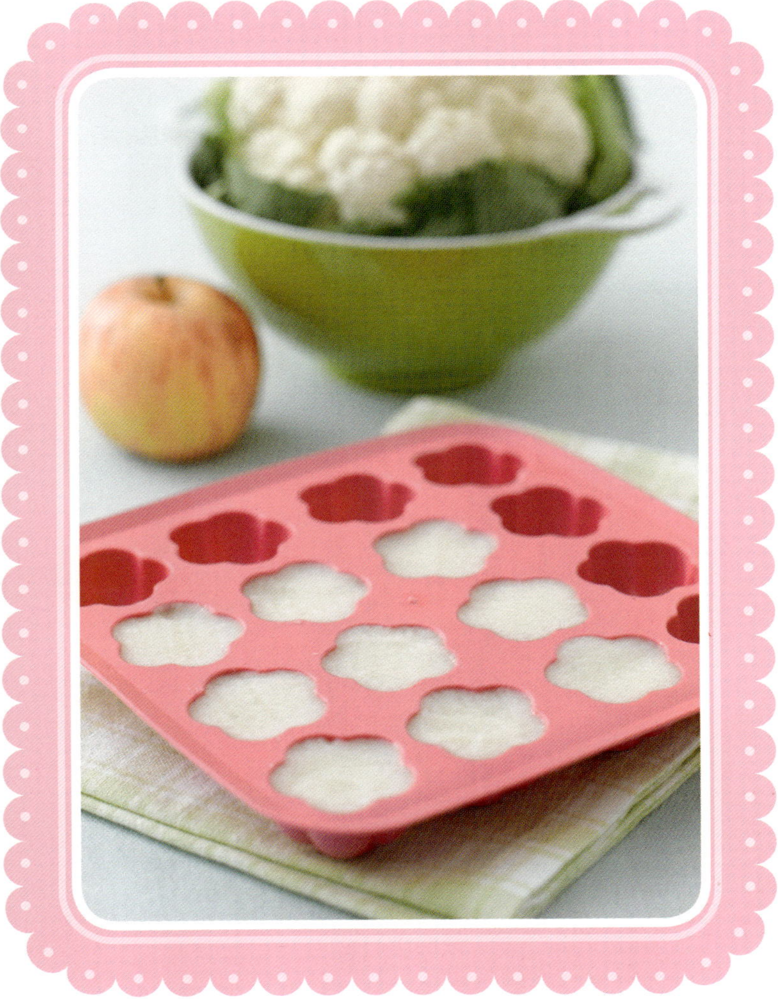

Babys Birnen-Reis-Speise

Reisflocken sind ideal bei der Umstellung auf feste Kost. Sie rufen nur sehr selten Allergien hervor und schmecken Babys gut. Seien Sie nicht versucht, den Brei mit Salz oder Zucker nachzuwürzen, auch wenn er Ihnen sehr fad erscheint.

Vorbereiten: 5–10 Minuten

Garen: 10 Minuten

Portionen: 1

Zutaten

1 vollreife Birne
3 EL Wasser
10 g Reisflocken

Die Birne schälen, entkernen und klein würfeln. Mit dem Wasser in einen kleinen Topf geben und 5–10 Minuten dünsten, bis die Birnenwürfel sehr weich sind. Etwas abkühlen lassen.

Die Birnenwürfel zerdrücken und die Reisflocken unterrühren, bis die Masse glatt ist. Je nach Reifegrad der Birne sollte genug Flüssigkeit vorhanden sein, um die Reisflocken aufzulösen und zu binden. Falls nicht, noch etwas Wasser zufügen.

Sofort servieren. Nicht kalt stellen und nicht einfrieren.

Tipp

Für einen einfachen Reisbrei 1 Esslöffel Reisflocken in eine saubere Schale geben. Drei Esslöffel der üblicherweise gegebenen Milch (warm oder kalt) zufügen und rühren, bis ein glatter Brei entstanden ist. Innerhalb von 30 Minuten verfüttern.

Notizen

Notizen

Reisbrei mit Aprikose & Banane

Aprikosen enthalten viel Betakarotin, das der Körper in Vitamin A umwandeln kann. Vitamin A hat eine Reihe wichtiger Funktionen, unter anderem spielt es eine Rolle bei der Entwicklung gesunder Augen und Haut.

Vorbereiten: 5 Minuten

Garen: 10 Minuten

Portionen: 1

Zutaten

2 kleine frische Aprikosen
2 EL Wasser
10 g Reisflocken
½ kleine, vollreife Banane

Die Aprikosen unten kreuzweise einschneiden und 1–2 Minuten in eine Schale mit kochend heißem Wasser geben. Abtropfen lassen, dann die Haut abziehen. Die Aprikosen entsteinen und das Fruchtfleisch hacken. Mit dem Wasser in einen kleinen Topf geben.

Bei geschlossenem Deckel 9–10 Minuten sehr weich dünsten. Dabei regelmäßig prüfen, dass die Aprikosen nicht am Topfboden anbrennen. Etwas abkühlen lassen.

Die Aprikosen glatt pürieren und die Reisflocken unterrühren.

Die Banane schälen und mit einer Gabel glatt zerdrücken. Unter den Aprikosenbrei rühren.

Sofort servieren. Nicht kalt stellen, nicht einfrieren.

Haferbrei mit Beerenkompott

Haferflocken sind sehr nährstoffreich, und das nicht nur zum Frühstück. Da sie ihre Energie nur langsam freigeben, bleibt Babys kleiner Magen länger satt. Beeren enthalten viele Antioxidantien.

Vorbereiten: 5 Minuten

Garen: 5 Minuten

Portionen: 1

Zutaten

50 g gemischte Beeren, z. B. Himbeeren, Erdbeeren, Brombeeren und Blaubeeren

15 g Haferflocken blütenzart

50 ml Vollmilch

Falls verwendet, die Erdbeeren putzen. Die restlichen Beeren verlesen. Alle Beeren glatt pürieren. Nach Belieben durch ein Haarsieb streichen, um Kernchen und Häute zurückzuhalten. Bei älteren Babys können einige Beeren zurückbehalten und klein gehackt werden, damit der Brei etwas mehr Textur erhält.

Haferflocken und Milch in einen kleinen Topf geben und zum Kochen bringen. Die Hitze reduzieren und 5 Minuten unter gelegentlichem Rühren quellen lassen, bis der Brei eingedickt ist. Etwas abkühlen lassen.

Den Haferbrei in eine Schale füllen und das Beerenpüree unterziehen. Falls verwendet, die gehackten Beeren darauf verteilen.

Lauwarm servieren oder bis zu 48 Stunden im Kühlschrank kalt stellen. Nicht einfrieren.

Notizen

Haferbrei mit Aprikosenpüree

Auch wenn sie nicht mehr so schön orange leuchten, sollten Sie vorzugsweise zu ungeschwefelten Trockenaprikosen greifen. Die Sulfite können bei empfindlichen Babys Asthma auslösen. Datteln sind eine köstliche Alternative zu Aprikosen.

Vorbereiten:
5 Minuten
+ Einweichen

Garen:
10 Minuten

Portionen:
2

Zutaten

4 getrocknete Aprikosen, über Nacht in Wasser eingeweicht, abgetropft

30 g Haferflocken blütenzart

100 ml Vollmilch

Die Aprikosen in einem Topf mit heißem Wasser bedecken und zum Kochen bringen. Die Hitze reduzieren und 10 Minuten sehr weich dünsten.

Inzwischen Haferflocken und Milch in einen zweiten Topf geben und zum Kochen bringen. Die Hitze reduzieren und 5 Minuten unter gelegentlichem Rühren quellen lassen, bis der Brei eingedickt ist. Etwas abkühlen lassen.

Die Aprikosen abtropfen lassen; dabei das Kochwasser auffangen. Nach Belieben die Aprikosen durch ein Haarsieb streichen, um Fasern zurückzuhalten. Falls nötig, mit etwas Kochwasser verdünnen. Den Haferbrei in eine Schale füllen und das Aprikosenpüree unterziehen.

Lauwarm servieren oder bis zu 48 Stunden im Kühlschrank kalt stellen. Nicht einfrieren.

Notizen
....
....
....

51

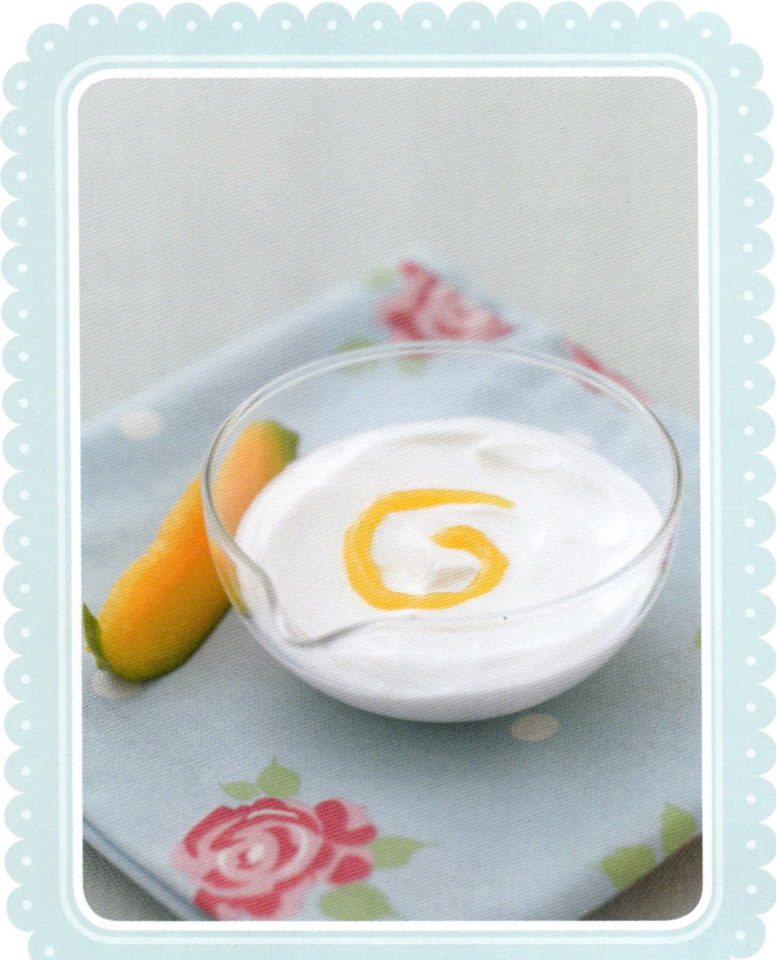

Joghurt mit Mangomark

Joghurt ist eine ausgezeichnete Kalziumquelle. Achten Sie beim Kauf darauf, dass er keine Zuckerzusätze enthält. Durch die Beigabe von Fruchtmark verliert Naturjoghurt seinen leicht bitteren Nachgeschmack und schmeckt Baby besser.

Vorbereiten: 5 Minuten

Garen: ohne

Portionen: 2

Zutaten

½ kleine, vollreife Mango
4–6 EL Vollmilch-Naturjoghurt
1 TL Weizenkeime (nach Belieben)

Die Mango schälen und das Fruchtfleisch in Scheiben vom Stein schneiden. Mit einer Gabel glatt zerdrücken. Nach Belieben durch ein Haarsieb streichen, um Fasern zurückzuhalten.

Das Mangomark unter den Joghurt ziehen. Nach Bellieben noch mit den Weizenkeimen bestreuen.

Sofort servieren oder bis zu 48 Stunden im Kühlschrank kalt stellen. Nicht einfrieren.

Notizen

Happi happi Apfel-Pflaumen-Joghurt

Manche Babys mögen die Textur von Pflaumen nicht besonders. Wenn man sie aber zusammen mit Äpfeln püriert und mit Joghurt serviert, schmecken sie ihnen. Vollreife, süße Pflaumen enthalten am meisten Antioxidantien.

Vorbereiten: 5 Minuten

Garen: 5 Minuten

Portionen: 2

Zutaten

1 kleiner Tafelapfel
2 vollreife Pflaumen
2 EL Wasser
4–6 EL Vollmilch-Naturjoghurt

Den Apfel schälen, entkernen und würfeln. Die Pflaumen halbieren und entsteinen. Apfelwürfel und Pflaumen mit dem Wasser in einen Topf geben und zum Kochen bringen. Die Hitze reduzieren und bei geschlossenem Deckel etwa 5 Minuten weich dünsten.

Alles glatt pürieren. Nach Belieben durch ein Haarsieb streichen, um die Pflaumenschalen zurückzuhalten.

Das Mus unter den Joghurt ziehen.

Sofort servieren oder bis zu 48 Stunden im Kühlschrank kalt stellen. Nicht einfrieren.

Notizen

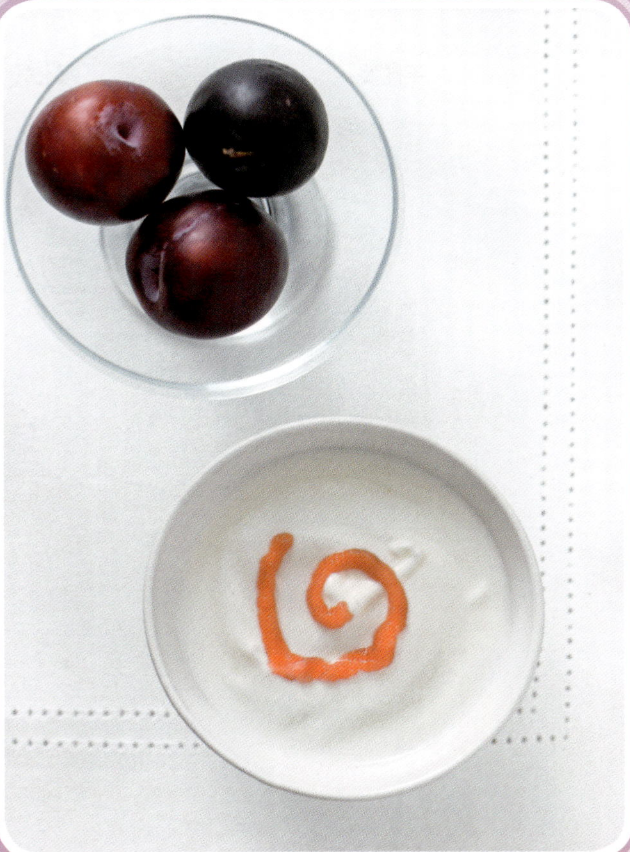

Bananen-Joghurt

Reife Bananen lassen sich sehr leicht mit einer Gabel zerdrücken und sind auch für Babys leicht verdaulich. Dieses Dessert ist ideal, um Ihr Kind mit Joghurt vertraut zu machen.

Vorbereiten: 5 Minuten

Garen: ohne

Portionen: 1

Zutaten

½ kleine, vollreife Banane

einige Tropfen Vanillearoma

2–3 EL griechischer Joghurt (Vollfettstufe)

Die Banane schälen und mit einer Gabel glatt zerdrücken.

Das Vanillearoma unterrühren und abwechselnd mit dem Joghurt in eine kleine Schale schichten.

Sofort servieren. Nicht kalt stellen und nicht einfrieren.

Notizen

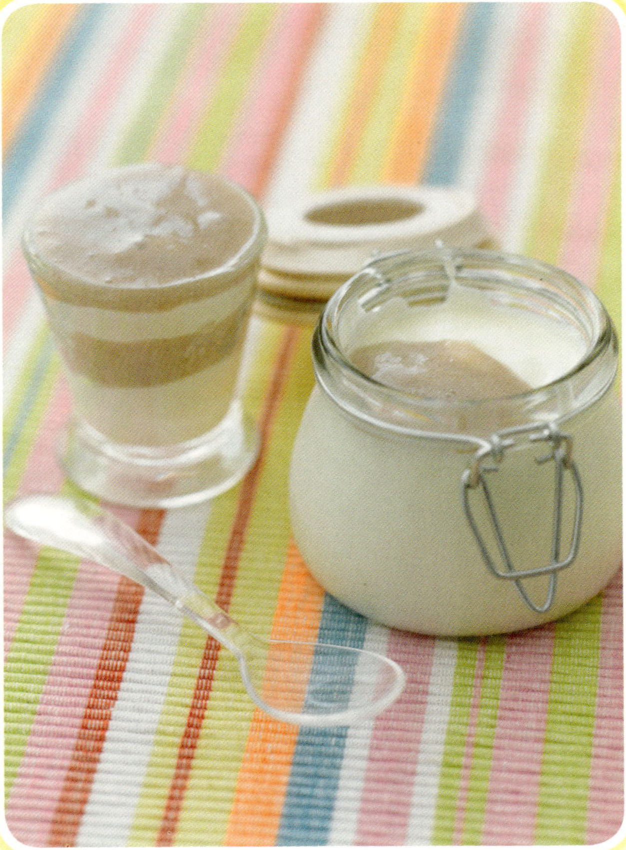

Kapitel 2
Gemüse

Hier ist Platz für mein Foto.

Mein erstes Gemüse:

....

....

....

....

Mein Lieblingsgemüse/-gericht:

....

....

....

....

Erinnerungen:

....

....

....

....

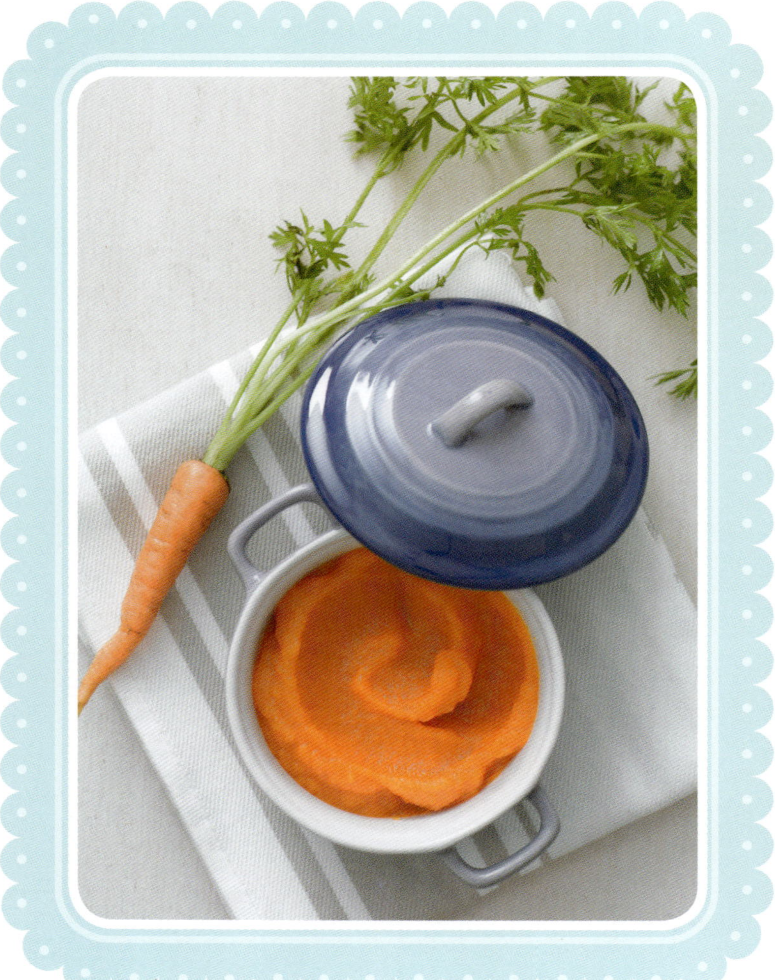

Karottenbrei

Wurzelgemüse wie zum Beispiel Karotten und Süßkartoffeln eignen sich sehr gut als erste Beikost, weil sie eine natürliche Süße haben. Karotten enthalten viele Vitamine und Mineralien, die für die Augenfunktion wichtig sind.

Vorbereiten: 5 Minuten

Garen: 10–15 Minuten

Portionen: 1–2

Zutaten

1 Karotte (etwa 100 g)
1 Spritzer Vollmilch (nach Belieben)

Die Karotte schälen und in etwa 3 mm große Würfelchen schneiden. In einem Topf knapp mit Wasser bedecken und 10–15 Minuten weich dünsten oder gar dämpfen.

Die Karotte abtropfen lassen; dabei das Kochwasser auffangen. Glatt pürieren. Falls nötig, etwas Kochwasser oder Milch unterrühren.

Lauwarm servieren oder bis zu 48 Stunden im Kühlschrank kalt stellen bzw. bis zu acht Wochen einfrieren.

Notizen

Zucchini-Sommerbrei

Zucchini kann ein schwieriges Gemüse für Babys sein, deshalb warten Sie mit der Einführung nicht allzu lange. Um es Ihrem Baby schmackhafter zu machen, kann das Gemüse mit Kartoffeln kombiniert werden.

Vorbereiten: 5 Minuten

Garen: 5 Minuten

Portionen: 2

Zutaten

1 Zucchini

Die Zucchini putzen und in dünne Scheiben schneiden.

Die Zucchini in einem Topf knapp mit Wasser bedecken und 4–5 Minuten gar dünsten oder dämpfen. Etwas abkühlen lassen. Pürieren oder mit einer Gabel glatt zerdrücken.

Lauwarm servieren oder bis zu 48 Stunden im Kühlschrank kalt stellen bzw. bis zu acht Wochen einfrieren.

Notizen

63

Wärmender Winterbrei

Süßkartoffeln enthalten eine ordentliche Portion der Antioxidantien Vitamin C und E, Vitamine der B-Gruppe, Betakarotine, Magnesium und Kalium. Ihren süßlichen Geschmack mögen Babys sehr gerne.

Vorbereiten: 10 Minuten

Garen: 12–15 Minuten

Portionen: 4–5

Zutaten

225 g Süßkartoffeln
200 g Pastinaken
175 ml Vollmilch

Süßkartoffeln und Pastinaken schälen und klein würfeln.

Die Gemüsewürfel mit der Milch in einen kleinen Topf geben und bei mittlerer Hitze und geschlossenem Deckel 12–15 Minuten sehr weich dünsten. Alles glatt pürieren.

Lauwarm servieren oder bis zu 48 Stunden im Kühlschrank kalt stellen bzw. bis zu acht Wochen einfrieren.

Notizen

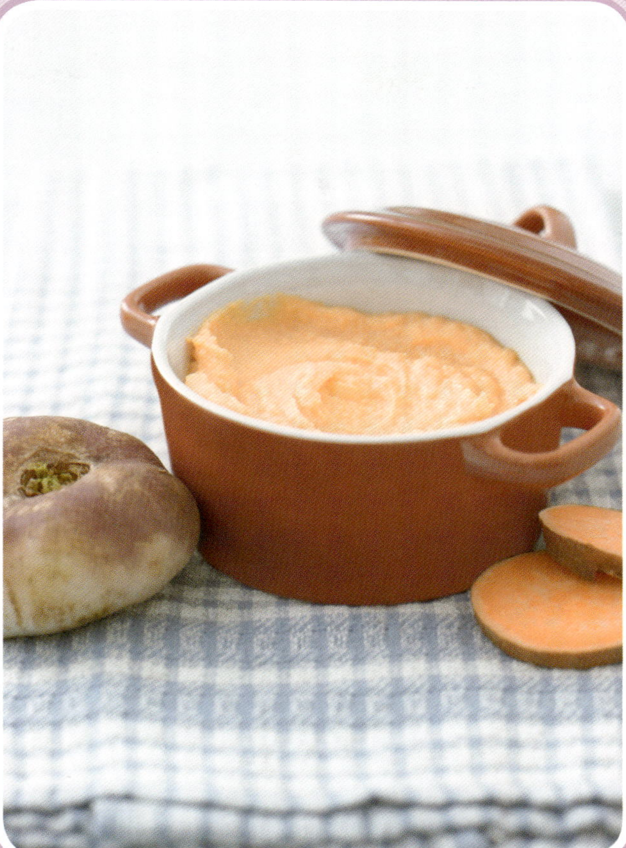

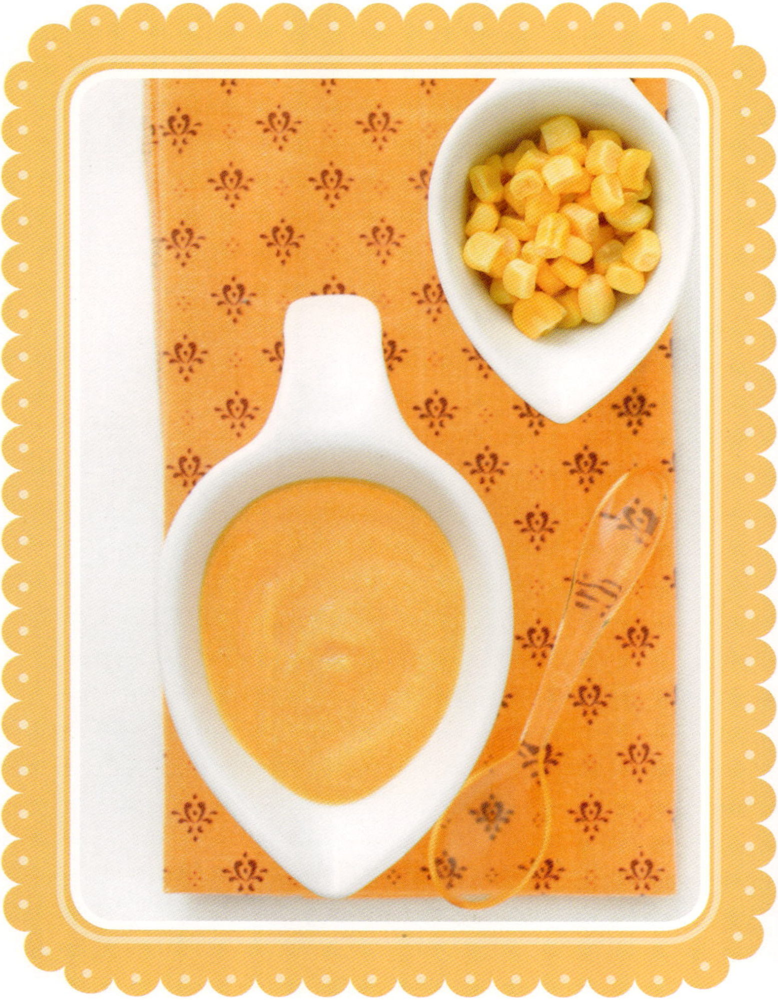

Mais-Kürbis-Brei

Gemüsemais ist eine gute Quelle für Folsäure, die eine wichtige Rolle bei der Bildung von roten Blutkörperchen spielt. Die Häute der Körner können kleinen Babys Schwierigkeiten bei der Verdauung bereiten. Streichen Sie den Brei deshalb durch ein Haarsieb.

Vorbereiten: 10 Minuten

Garen: 15–20 Minuten

Portionen: 4–5

Zutaten

300 g Hokkaido- oder Butternusskürbis

150 g Gemüsemais (abgetropft oder aufgetaute TK-Ware)

200 ml Vollmilch

Den Kürbis schälen und entkernen. In sehr kleine Würfel schneiden und in einen Topf geben.

Mais und Milch zufügen und zum Kochen bringen. Die Hitze reduzieren und bei geschlossenem Deckel 15–20 Minuten sehr weich dünsten. Alles glatt pürieren. Nach Belieben den Brei durch ein Haarsieb streichen, um die Maishäute zurückzuhalten.

Lauwarm servieren oder bis zu 48 Stunden im Kühlschrank kalt stellen bzw. bis zu acht Wochen einfrieren.

Notizen

Brei aus Grün und Weiß

Brokkoli enthält die Vitamine K (für Blut und Knochen), B und C und gehört zu den supergesunden Gemüsesorten. Wenn Ihr Baby Brokkoli nicht so prima findet, bieten Sie ihn vermischt mit einem süßlichen Gemüse wie Süßkartoffeln an.

Vorbereiten: 5 Minuten

Garen: 10 Minuten

Portionen: 2–3

Zutaten

3 kleine Brokkoliröschen
3 kleine Blumenkohlröschen
1 Spritzer Vollmilch (nach Belieben)

Harte Stiele von den Kohlröschen entfernen und die Röschen grob hacken. In einem Topf knapp mit Wasser bedecken und 7–10 Minuten weich dünsten oder gar dämpfen. Etwas abkühlen lassen.

Brokkoli und Blumenkohl abtropfen lassen; dabei das Kochwasser auffangen. Alles glatt pürieren. Falls nötig, noch etwas Kochwasser oder Milch unterrühren.

Lauwarm servieren oder bis zu 48 Stunden im Kühlschrank kalt stellen bzw. bis zu acht Wochen einfrieren.

Notizen

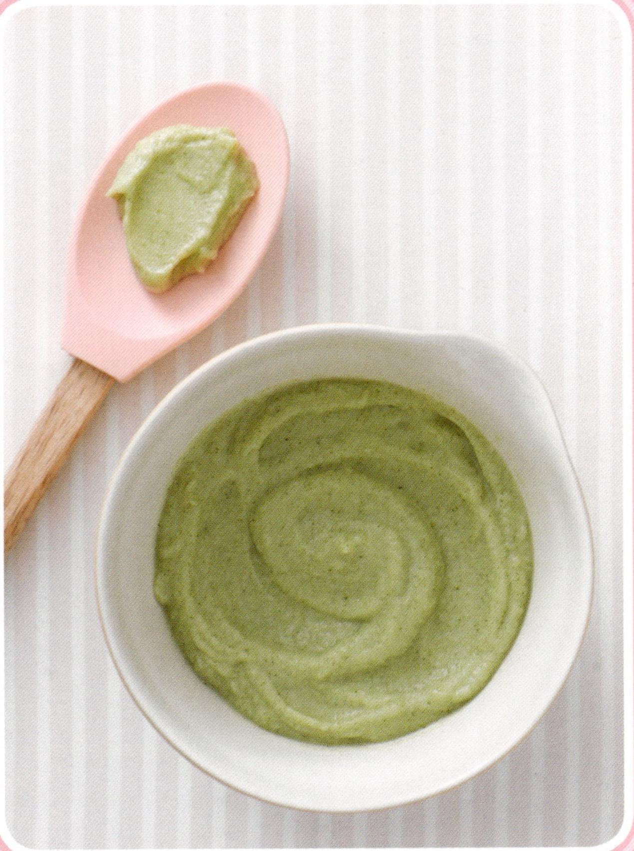

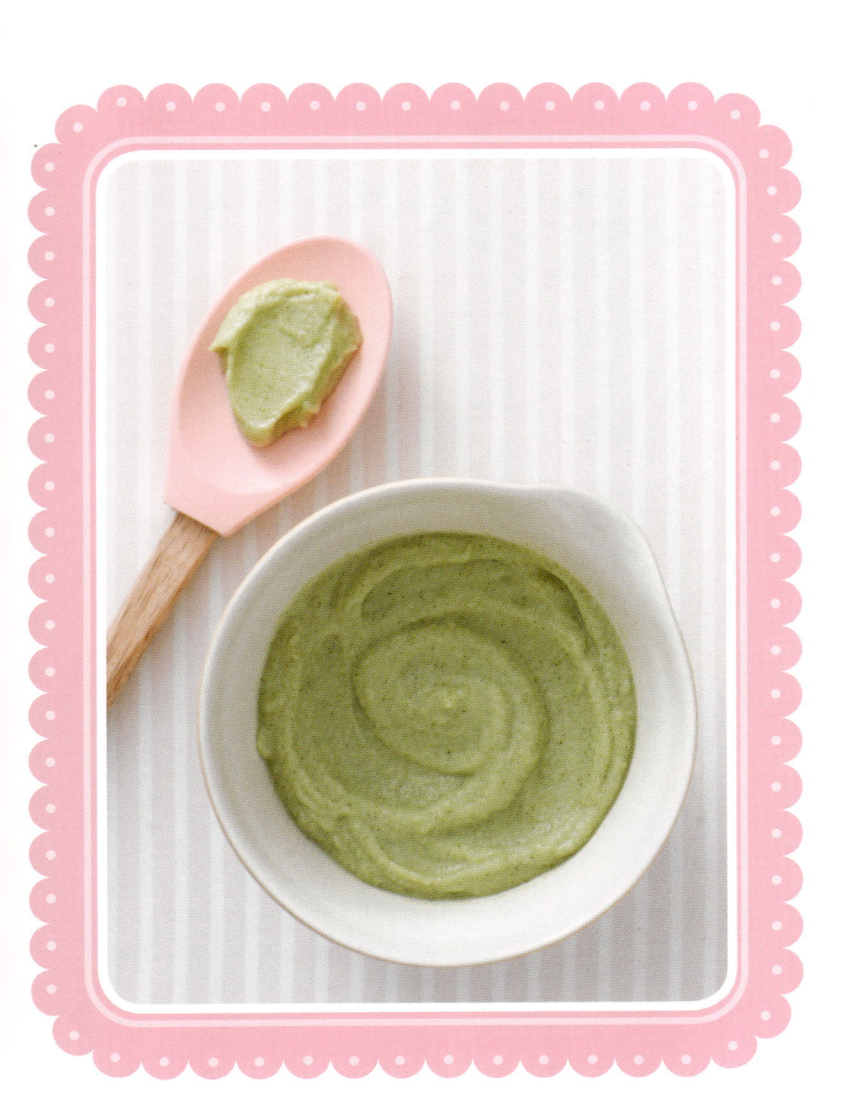

Kürbis-Spinat-Brei

Orangefleischiger Butternusskürbis ist reich an Karotinen und sein süßlicher Geschmack ist genau das Richtige für Babys. Spinat enthält gar nicht so viel Eisen, wie man immer dachte, ist aber dennoch ein wirklich gesundes Gemüse.

Vorbereiten: 5 Minuten

Garen: 20 Minuten

Portionen: 2

Zutaten

100 g Butternusskürbis
25 g frische Spinatblätter
1 Spritzer Vollmilch (nach Belieben)

Den Kürbis schälen und entkernen. Das Fleisch in sehr kleine Würfel schneiden. Den Spinat putzen und dicke Stiele abtrennen.

Den Kürbis in einem Topf knapp mit Wasser bedecken und etwa 15 Minuten weich dünsten. Den Spinat zufügen und 5 Minuten mitgaren, bis er zusammengefallen ist.

Das Gemüse abtropfen lassen; dabei das Kochwasser auffangen. Alles glatt pürieren. Falls nötig, noch etwas Kochwasser oder Milch unterrühren.

Lauwarm servieren oder bis zu 48 Stunden im Kühlschrank kalt stellen bzw. bis zu acht Wochen einfrieren.

Notizen

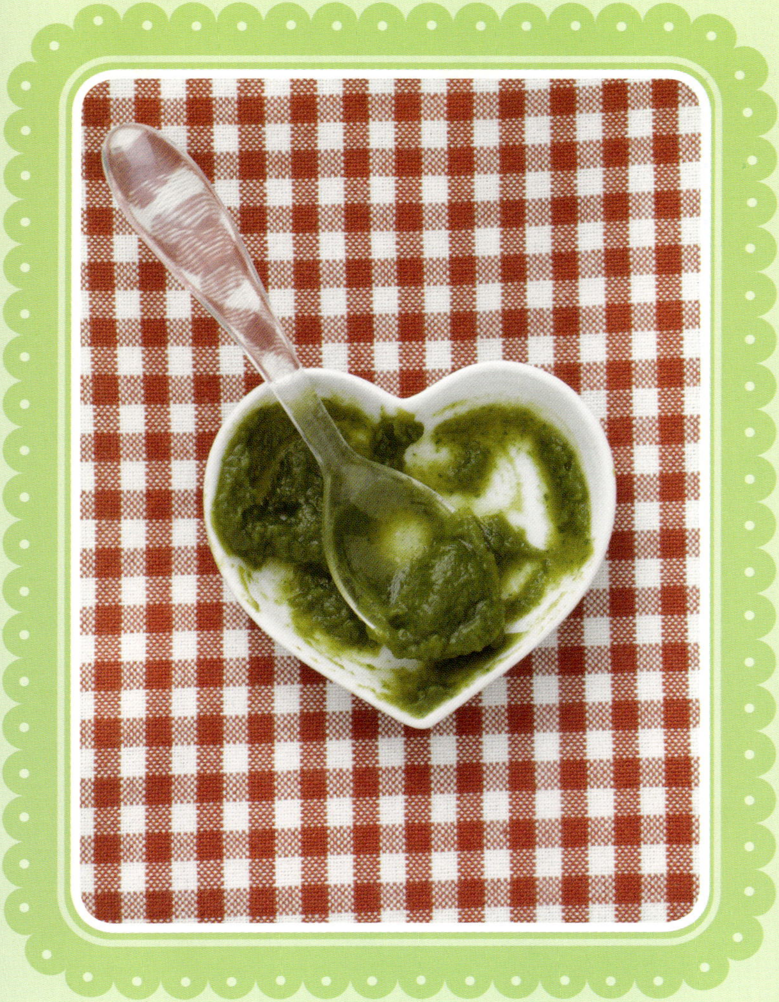

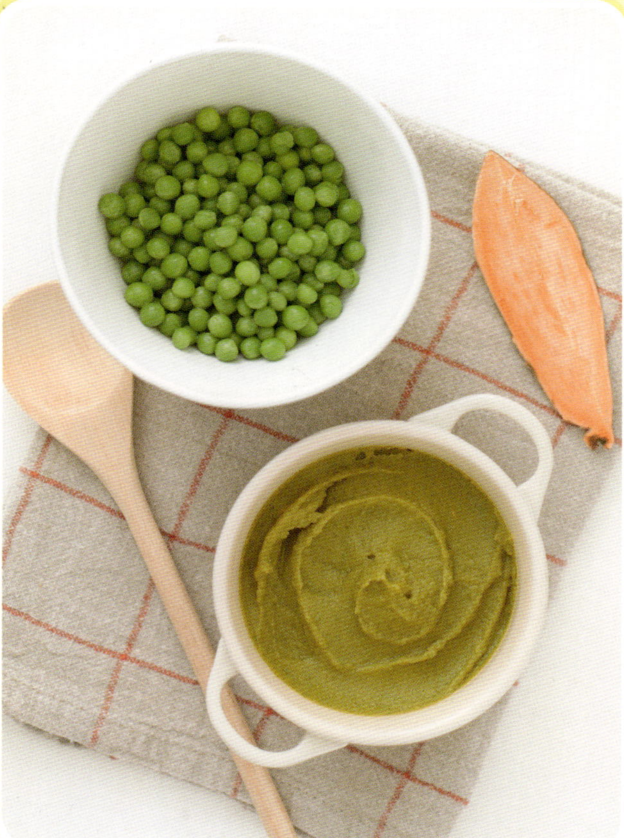

Süßkartoffel-Erbsen-Brei

Erbsen enthalten größere Mengen Eiweiß, B-Vitamine und Ballaststoffe. Durch das in den Erbsen ebenfalls reichlich vorhandene Vitamin C wird die Aufnahme von Eisen in den Süßkartoffeln erleichtert.

Vorbereiten:
5 Minuten

Garen:
12–15 Minuten

Portionen:
2–3

Zutaten

175 g Süßkartoffeln

100 ml Gemüsebrühe (siehe Seite 14) oder Vollmilch

150 g Erbsen (TK-Ware)

Die Süßkartoffeln schälen und klein würfeln.

Die Süßkartoffeln mit der Brühe in einen kleinen Topf geben und bei mittlerer Hitze 10–12 Minuten dünsten. Die Erbsen zufügen und weitere 2–3 Minuten garen, bis das Gemüse weich ist.

Alles glatt pürieren. Nach Belieben den Brei durch ein Haarsieb streichen, um die Erbsenhäute zurückzuhalten.

Lauwarm servieren oder bis zu 48 Stunden im Kühlschrank kalt stellen bzw. bis zu acht Wochen einfrieren.

Notizen

Grüner Frühlingsbrei

Tiefgefrorenes Gemüse enthält fast genauso viele wertvolle Nährstoffe wie frisches, weil es unmittelbar nach der Ernte schockgefrostet wird. Wenn Sie diesen Brei lieber mit frischen Erbsen zubereiten möchten, geben Sie sie mit dem anderen Gemüse in den Topf.

Vorbereiten: 5 Minuten

Garen: 10 Minuten

Portionen: 2

Zutaten

25 g zarte grüne Bohnen
25 g Zucchini
25 g Erbsen (TK- oder frische Ware)

Das Gemüse putzen. Die Bohnen in 2,5 cm große Stücke schneiden; die Zucchini grob hacken.

Das Gemüse in einem Topf knapp mit Wasser bedecken und etwa 6 Minuten dünsten. Die Erbsen zufügen und 4 Minuten mitgaren.

Das Gemüse abtropfen lassen; dabei das Kochwasser auffangen. Alles glatt pürieren. Falls nötig, noch etwas Kochwasser unterrühren. Nach Belieben durch ein Haarsieb streichen, um Bohnenfasern und Erbsenhäute zurückzuhalten.

Lauwarm servieren oder bis zu 48 Stunden im Kühlschrank kalt stellen bzw. bis zu acht Wochen einfrieren.

Notizen

Erbsen-Karotten-Brei

Ihre charakteristische orange Farbe erhalten Karotten durch das Antioxidans Betakarotin, das vom Körper in Vitamin A umgewandelt werden kann und zur Gesunderhaltung von Haut und Augen wichtig ist.

Vorbereiten: 5 Minuten

Garen: 15–20 Minuten

Portionen: 3–4

Zutaten

200 g Karotten
200 ml Gemüsebrühe (siehe Seite 14) oder Vollmilch
200 g Erbsen (TK-Ware)

Die Karotten schälen und fein hacken. Mit der Brühe in einen kleinen Topf geben und bei mittlerer Hitze und geschlossenem Deckel 12–15 Minuten dünsten.

Die Erbsen zufügen und weitere 2–3 Minuten garen, bis das Gemüse weich ist. Alles glatt pürieren. Nach Belieben den Brei durch ein Haarsieb streichen, um die Erbsenhäute zu entfernen.

Lauwarm servieren oder bis zu 48 Stunden im Kühlschrank kalt stellen bzw. bis zu acht Wochen einfrieren.

Notizen

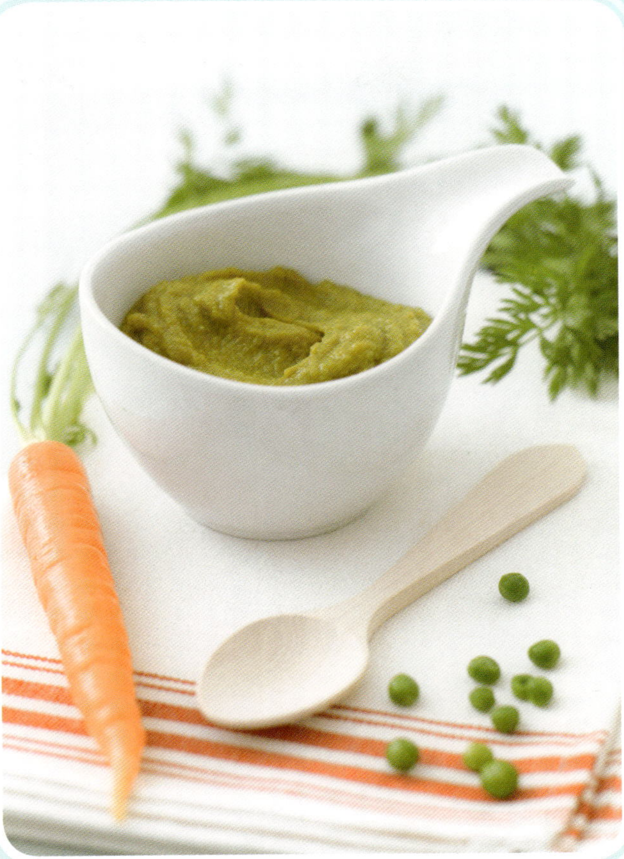

78

Brei aus Kartoffeln, Blumenkohl und Porree

Porree hat wie die verwandte Zwiebel viele gesundheitsfördernde Eigenschaften, ist aber milder im Geschmack. Er sollte sehr gründlich gewaschen werden, damit Sand und Erde zwischen den Blättern entfernt werden.

Vorbereiten: 5 Minuten

Garen: 15–20 Minuten

Portionen: 4–6

Zutaten

1 Kartoffel
3 kleine Blumenkohlröschen
½ kleiner Porree
1 Spritzer Vollmilch (nach Belieben)

Die Kartoffel schälen und in kleine Würfel schneiden. Harte Stiele von den Blumenkohlröschen entfernen. Den Porree putzen und in feine Ringe schneiden.

Das Gemüse in einem Topf knapp mit Wasser bedecken und 15–20 Minuten weich dünsten.

Das Gemüse abtropfen lassen; dabei das Kochwasser auffangen. Alles glatt pürieren. Falls nötig, noch etwas Kochwasser oder Milch unterrühren.

Lauwarm servieren oder bis zu 48 Stunden im Kühlschrank kalt stellen bzw. bis zu acht Wochen einfrieren.

Notizen

Mehr-als-Frühstücksbrei

Dieser gesunde Brei beweist, dass Haferflocken zu jeder Tageszeit schmecken. Haferflocken haben viele Nährwerte und stabilisieren den Blutzuckerspiegel, sind reich an verdaulichen Ballaststoffen und gesunden Fettsäuren.

Vorbereiten: 5 Minuten

Garen: 20 Minuten

Portionen: 4–6

Zutaten

1 kleiner Porree
1 Tomate
30 g Haferflocken
50 ml Wasser
50 ml Vollmilch, plus eventuell etwas mehr
2 EL Gemüsemais (TK-Ware)
1 Flöckchen Butter oder reine Pflanzenmargarine

Den Porree putzen und waschen, dann fein hacken. Die Tomate unten kreuzweise einschneiden und 1–2 Minuten in eine Schüssel mit kochend heißem Wasser geben. Abtropfen lassen, dann die Haut abziehen. Die Tomate entkernen und das Fruchtfleisch fein hacken.

Haferflocken, Wasser und Milch in einem kleinen Topf zum Kochen bringen. Die Hitze reduzieren und 5 Minuten unter gelegentlichem Rühren köcheln lassen, bis der Brei eingedickt ist.

Inzwischen den Porree in einem Topf knapp mit Wasser bedecken und 10–15 Minuten weich dünsten oder gar dämpfen. Den Porree abtropfen lassen und zusammen mit Haferbrei, Mais, Tomaten und Butter wieder in den Topf geben. Sorgfältig rühren und erhitzen. Die Mischung dann glatt pürieren. Falls nötig, noch etwas Milch unterrühren. Nach Belieben den Brei durch ein Haarsieb streichen, um die Maishäute zu entfernen.

Lauwarm servieren oder bis zu 48 Stunden im Kühlschrank kalt stellen bzw. bis zu acht Wochen einfrieren.

Notizen

Popeys Brei

Auch wenn Spinat gar nicht so viel Eisen enthält, wie man immer dachte, liefert er einige andere wichtige Nährstoffe wie B-Vitamine und Vitamin K, das für gesundes Blut und Knochen benötigt wird.

Vorbereiten: 5 Minuten

Garen: 12–15 Minuten

Portionen: 5–6

Zutaten

200 g Kartoffeln
150 g Tafeläpfel
50 g frische Spinatblätter
200 ml Vollmilch

Die Kartoffeln schälen und klein würfeln. Die Äpfel schälen, entkernen und klein würfeln. Dicke Stiele von den Spinatblättern abtrennen.

Kartoffeln, Apfel und Milch in einen Topf geben. Bei mittlerer Hitze und geschlossenem Deckel 10–12 Minuten köcheln lassen, bis die Kartoffeln fast gar sind.

Den Spinat zufügen und bei geschlossenem Deckel 2–3 Minuten mitgaren, bis er zusammengefallen ist und die Kartoffeln gar sind. Alles glatt pürieren.

Lauwarm servieren oder bis zu 48 Stunden im Kühlschrank kalt stellen bzw. bis zu acht Wochen einfrieren.

Notizen

Notizen

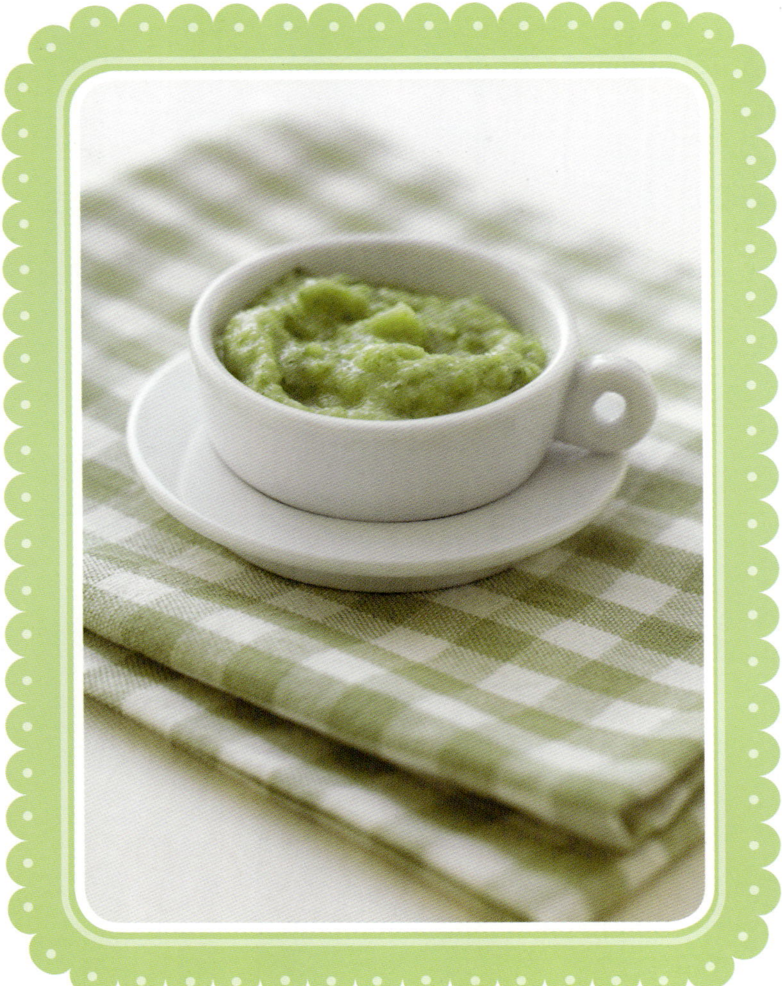

Zucchini-Avocado-Brei

Avocados sind ein ausgezeichnetes Lebensmittel für die Umstellung auf feste Kost, da sie große Mengen überwiegend gesunder Fette enthalten. Außerdem steckt viel Vitamin E und B6 in ihnen.

Vorbereiten: 5 Minuten

Garen: 8–10 Minuten

Portionen: 1

Zutaten

50 g Zucchini
½ weiche Avocado

Die Zucchini putzen und grob hacken.

Die Zucchini in einem Topf knapp mit Wasser bedecken und 8–10 Minuten weich dünsten. Das Gemüse abtropfen lassen, dabei das Kochwasser auffangen. Etwas abkühlen lassen.

Die Avocado entsteinen. Das Fruchtfleisch mit einem Löffel aus der Schale lösen und hacken. Mit der Zucchini glatt pürieren. Falls nötig, noch etwas Kochwasser unterrühren.

Sofort servieren. Nicht kalt stellen und nicht einfrieren.

Notizen

Lieblings-Linsenmus

Rote Linsen sind reich an Proteinen und Ballaststoffen, die für eine gesunde Verdauung sorgen. Außerdem liefern sie Eisen und Kalium.

Vorbereiten: 10 Minuten

Garen: 20–25 Minuten

Portionen: 4–5

Zutaten

100 g rote Linsen
200 g Karotten
400 ml Gemüsebrühe (siehe Seite 14) oder Wasser
Saft und fein abgeriebene Schale von 1 Bio-Orange

Die Linsen in ein Sieb geben und unter fließend kaltem Wasser abspülen. Die Karotten schälen und hacken.

Linsen und Karotten mit der Brühe in einen kleinen Topf geben. Bei geschlossenem Deckel zum Kochen bringen und 10 Minuten sprudelnd kochen. Die Hitze reduzieren und weitere 10–15 Minuten köcheln lassen, bis die Linsen weich sind.

Orangensaft und -schale unterrühren. Alles glatt pürieren.

Lauwarm servieren oder bis zu 48 Stunden im Kühlschrank kalt stellen bzw. bis zu acht Wochen einfrieren.

Notizen

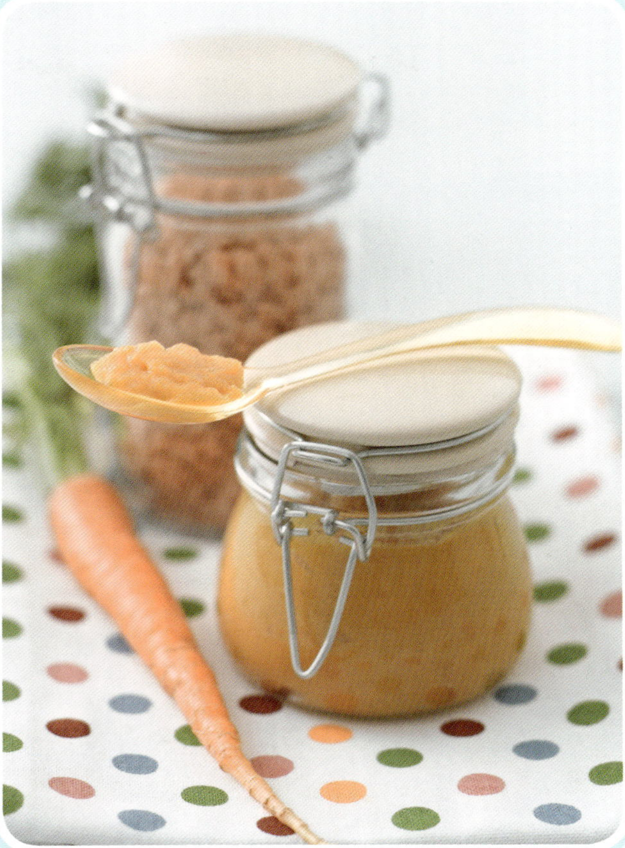

Blumenkohl-Käse-Creme

Milch und Käse sind gute Kalziumquellen. Das Mineral ist wichtig für gesunde Knochen und Zähne. Fettreduzierte Milchprodukte sind nicht für Babys und Kleinkinder zu empfehlen, da sie viel Fett zur Deckung ihres Energiebedarfs benötigen.

Vorbereiten: 5 Minuten

Garen: 12–15 Minuten

Portionen: 2–3

Zutaten

300 g Blumenkohl
200 ml Vollmilch
70 g mittelalter Gouda

Den Blumenkohl putzen und in kleine Röschen schneiden, diese wiederum in Scheiben. Mit der Milch in einen kleinen Topf geben und bei mittlerer Hitze und geschlossenem Deckel 12–15 Minuten weich dünsten.

Den Käse reiben und unter den weichen Blumenkohl mischen. Alles glatt pürieren.

Lauwarm servieren oder bis zu 48 Stunden im Kühlschrank kalt stellen bzw. bis zu acht Wochen einfrieren.

Notizen

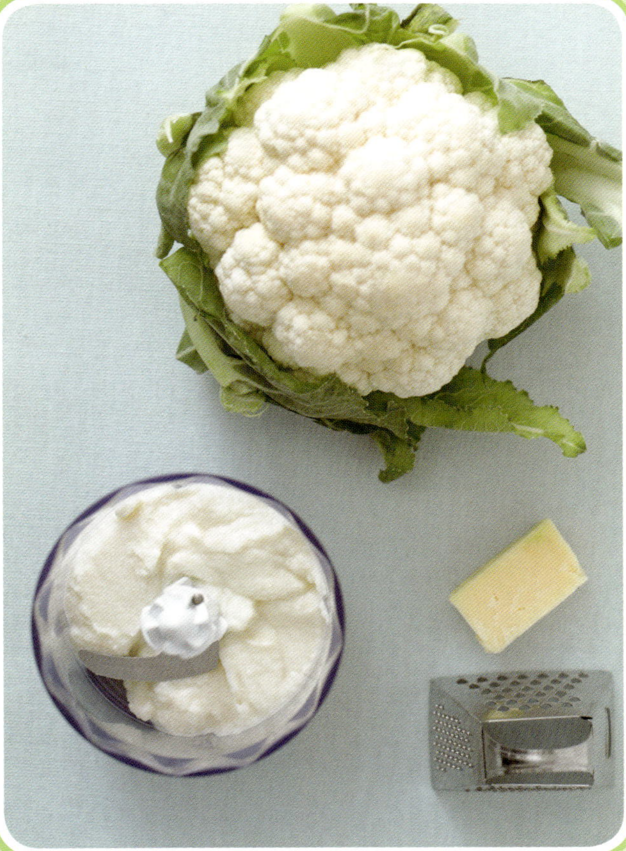

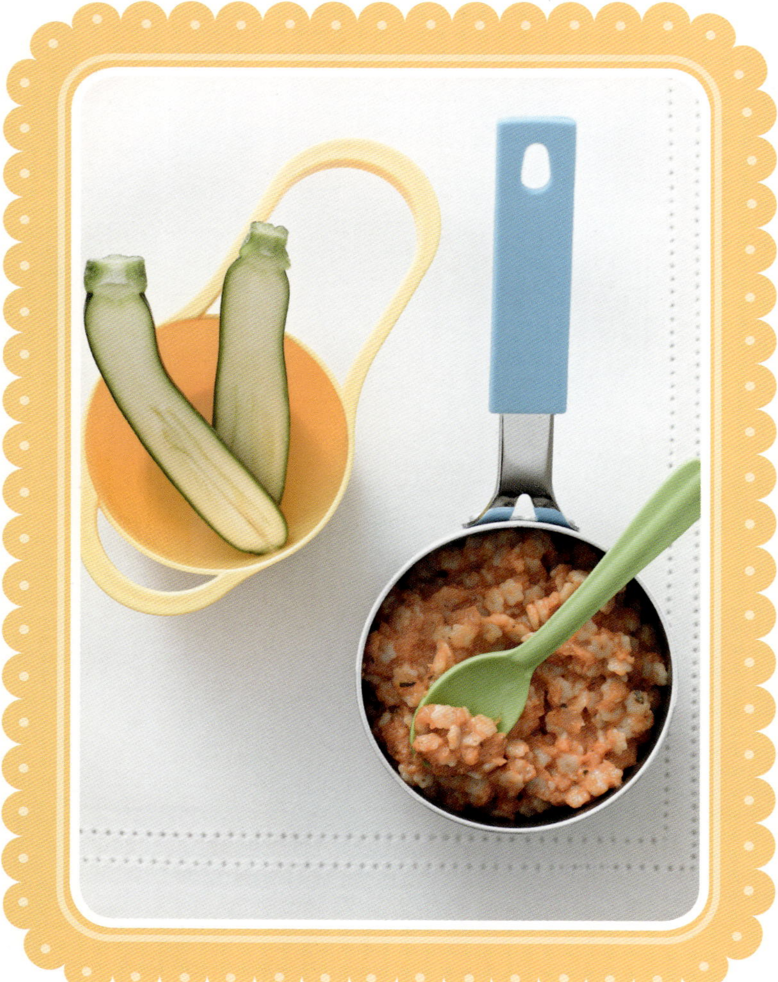

Pasta in Fünf-Gemüse-Sauce

Diese leckere Sauce passt hervorragend zu Nudeln. Verwenden Sie geeignete Minipasta, wie Suppennudeln in Stern- oder Muschelform, bis Ihr Kind etwas größere Pasta kauen kann.

Vorbereiten: 10 Minuten

Garen: 30 Minuten

Portionen: 4–6

Zutaten

- 1 EL Pflanzenöl
- 1 kleine Zwiebel, fein gehackt
- 1 kleine Karotte, geschält und fein gehackt
- ½ rote Paprika, entkernt und fein gehackt
- 1 kleine Zucchini, fein gehackt
- 100 ml Gemüsebrühe (siehe Seite 14)
- 200 ml passierte Tomaten
- 2–3 frische Basilikumblätter, gehackt
- 85 g Minipasta

Das Öl in einem Topf erhitzen. Zwiebel und Karotte darin bei mittlerer Hitze 5 Minuten andünsten. Paprika und Zucchini zufügen und 1–2 Minuten mitgaren. Mit der Brühe ablöschen und 15 Minuten köcheln lassen. Passierte Tomaten und Basilikum einrühren und weiterköcheln, bis die Sauce eingedickt ist.

Die Sauce bis zur gewünschten Konsistenz pürieren. Inzwischen die Pasta nach Packungsangabe weich kochen. Gut abtropfen lassen, wieder in den Topf geben und mit der Sauce mischen.

Lauwarm servieren oder bis zu 48 Stunden im Kühlschrank kalt stellen bzw. bis zu acht Wochen einfrieren.

Notizen

Kürbis-Pasta

Butternusskürbis ist leicht verdaulich und hat eine natürliche Süße, die Babys im Allgemeinen sehr zusagt. Sie können für dieses Rezept auch jeden anderen orangefleischigen Kürbis verwenden.

Vorbereiten: 5 Minuten

Garen: 15 Minuten

Portionen: 4–6

Zutaten

85 g Butternusskürbis
85 g Minipasta
1 Flöckchen Butter oder reine Pflanzenmargarine
1 TL Olivenöl
2 EL geriebener Gouda

Den Kürbis schälen und entkernen. Das Fleisch klein würfeln. In einem Topf knapp mit Wasser bedecken und 10–15 Minuten weich dünsten oder gar dämpfen.

Den Kürbis abtropfen lassen; dabei das Kochwasser auffangen. Den Kürbis glatt pürieren. Falls nötig, noch etwas Kochwasser unterrühren.

Inzwischen die Pasta nach Packungsangabe weich kochen. Gut abtropfen lassen und wieder in den Topf geben. Butter, Öl und Käse untermischen. Dann die Kürbissauce unterheben.

Lauwarm servieren oder bis zu 48 Stunden im Kühlschrank kalt stellen bzw. bis zu acht Wochen einfrieren.

Notizen

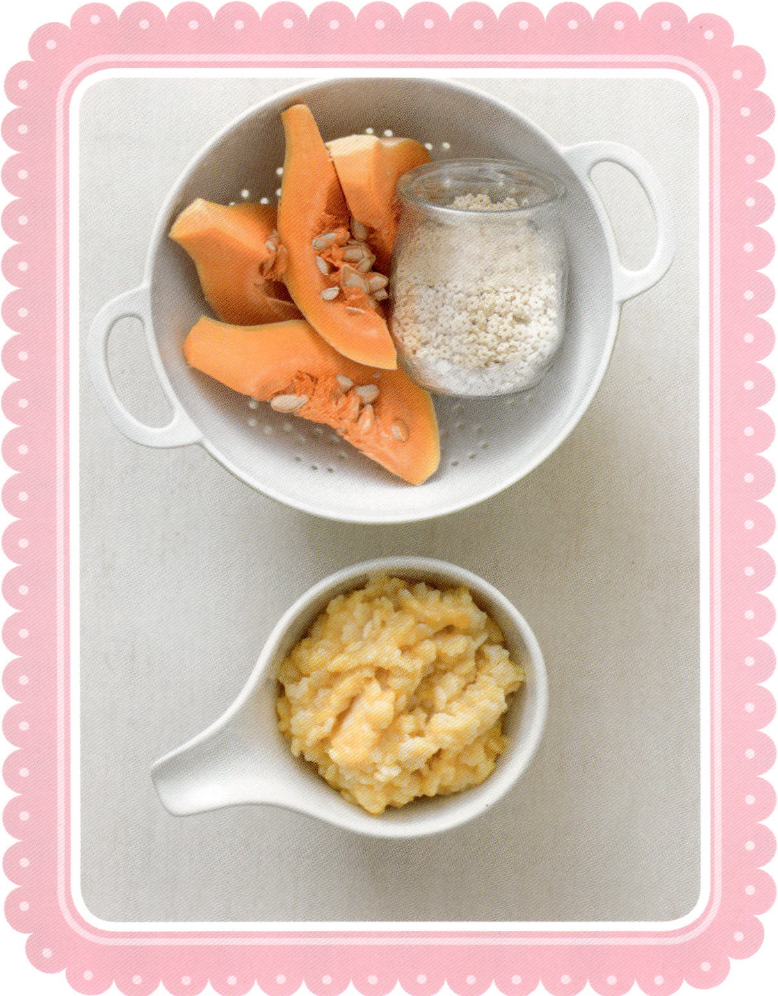

Frühlingsrisotto

Reis ist hervorragend geeignet für Babys, da die Körner sehr weich gekocht werden können und somit leicht zu essen sind. In diesem Rezept wird Frühlingsgemüse verwendet. Sie können aber auch mit anderen Gemüsesorten experimentieren.

Vorbereiten: 5 Minuten

Garen: 35–40 Minuten

Portionen: 6–8

Zutaten

1 kleiner Porree, geputzt und fein gehackt

1 kleine Zucchini, fein gehackt

1 Handvoll Erbsen (TK-Ware)

1 TL Olivenöl

1 Flöckchen Butter oder reine Pflanzenmargarine

85 g Risotto-Reis

350 g heiße Gemüsebrühe (siehe Seite 14) oder Wasser

½ TL getrockneter Oregano

2 EL geriebener Gouda

Das Gemüse in einem Topf knapp mit Wasser bedecken und 5–8 Minuten dünsten oder dämpfen. Gut abtropfen lassen. Nach Belieben das Gemüse durch ein Haarsieb streichen, um die Erbsenhäute zurückzuhalten.

Inzwischen Öl und Butter in einem Topf erhitzen. Den Reis zugeben und rühren, bis die Körner fettglänzend sind.

Mit einer Kelle Brühe ablöschen und rühren, bis die Flüssigkeit absorbiert ist, dann weitere Brühe zugießen. Auf diese Weise den Reis 20 Minuten unter häufigem Rühren garen. Oregano, Käse und Gemüsepüree zufügen und weitere 5–10 Minuten rühren, bis die Flüssigkeit aufgesogen und der Reis weich ist. Alles glatt pürieren. Falls der Brei zu dick ist, noch etwas Wasser unterrühren. Für ältere Babys darf der Brei etwas stückiger sein.

Notizen

Kapitel 3
Fleisch

Hier ist Platz für mein Foto.

Mein erstes Fleischgericht:

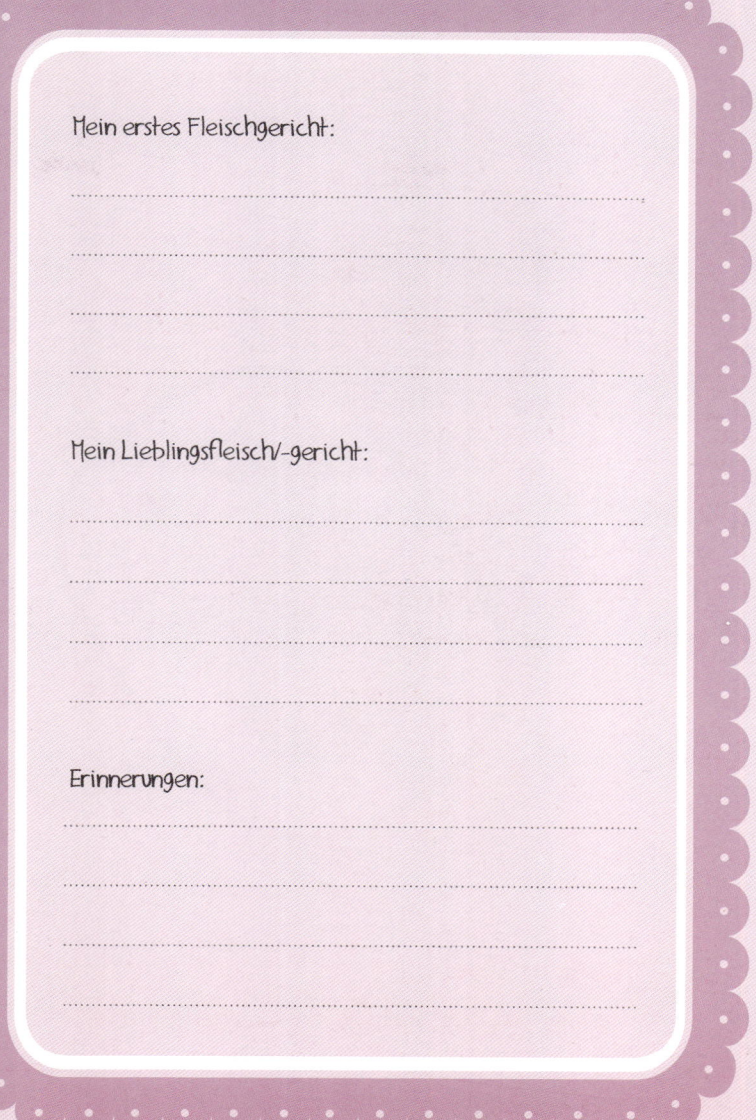

....

....

....

....

Mein Lieblingsfleisch/-gericht:

....

....

....

....

Erinnerungen:

....

....

....

....

98

Rindfleisch mit Kartoffeln

Rotes Fleisch ist eine ausgezeichnete Eisenquelle. Bei der Geburt haben Kinder einen Eisenspeicher, von dem sie ungefähr die ersten sechs Monate zehren können. Danach muss die komplette Eisenversorgung über die Nahrung erfolgen.

Vorbereiten: 5 Minuten

Garen: 1½–2 Stunden

Portionen: 4–5

Zutaten

50 g rote Zwiebeln, fein gehackt

200 g mageres Rinderschmorfleisch, gewürfelt

200 g Kartoffeln, geschält und in Würfeln

250 ml Gemüsebrühe (siehe Seite 14) oder Wasser

1 Prise getrockneter Thymian

Den Backofen auf 160 °C vorheizen. Alle Zutaten in einen kleinen Bräter geben und bei mittlerer Hitze zum Kochen bringen. Den Deckel aufsetzen und im vorgeheizten Ofen 1½–2 Stunden schmoren, bis das Gemüse sehr weich ist und das Fleisch auseinanderfällt. Alles glatt pürieren.

Lauwarm servieren oder bis zu 48 Stunden im Kühlschrank kalt stellen bzw. bis zu acht Wochen einfrieren.

Notizen

Rindfleisch-Karotten-Topf

Zwar enthalten Hülsenfrüchte und grünes Blattgemüse viel Eisen, doch rotes Fleisch ist noch ergiebiger, da das darin enthaltene Eisen besonders leicht verwertet werden kann.

Vorbereiten: 10 Minuten

Garen: 1½–2 Stunden

Portionen: 5–6

Zutaten

- 50 g Zwiebeln, fein gehackt
- 1 Knoblauchzehe, zerdrückt
- 150 g Karotten, geschält und gehackt
- 200 g mageres Rinderschmorfleisch, gewürfelt
- 200 g Kartoffeln, geschält und gewürfelt
- 250 ml Gemüsebrühe (siehe Seite 14) oder Wasser
- 1 Prise getrocknete Kräuter der Provence

Den Backofen auf 160 °C vorheizen. Alle Zutaten in einen kleinen Bräter geben und bei mittlerer Hitze zum Kochen bringen. Den Deckel aufsetzen und im vorgeheizten Ofen 1½–2 Stunden schmoren, bis das Gemüse sehr weich ist und das Fleisch auseinanderfällt. Alles glatt pürieren.

Lauwarm servieren oder bis zu 48 Stunden im Kühlschrank kalt stellen bzw. bis zu acht Wochen einfrieren.

Notizen

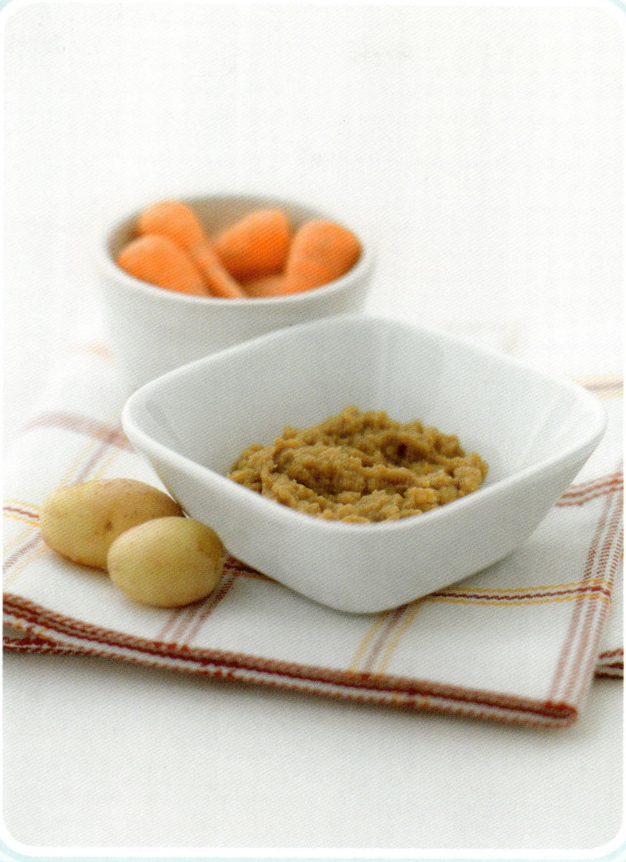

Rindfleisch mit Süßkartoffeln & Spinat

Die Färbung von Obst- und Gemüsesorten ist auch ein Hinweis auf verstärkt vorhandene Nähr- und sekundäre Pflanzenstoffe. Ein vielfältiger Speiseplan sorgt so dafür, dass Ihr Kind mit allem Wichtigen versorgt wird.

Vorbereiten: 10 Minuten

Garen: 1½–2 Stunden

Portionen: 4

Zutaten

- 250 g Süßkartoffeln, geschält und gewürfelt
- 100 g Karotten, geschält und gehackt
- 50 g Zwiebeln, fein gehackt
- 200 g mageres Rinderschmorfleisch, gewürfelt
- 1 Prise getrocknete Kräuter der Provence
- 300 ml Wasser
- 25 g frische Spinatblätter, dicke Stiele entfernt

Den Backofen auf 160 °C vorheizen. Bis auf den Spinat alle Zutaten in einen kleinen Bräter geben und bei mittlerer Hitze zum Kochen bringen. Den Deckel aufsetzen und im vorgeheizten Ofen 1½–2 Stunden schmoren, bis das Gemüse sehr weich ist und das Fleisch auseinanderfällt.

Aus dem Ofen nehmen. Den Spinat unterheben und 2–3 Minuten bei geschlossenem Deckel auf dem Herd mitgaren, bis er zusammenfällt. Alles glatt pürieren.

Lauwarm servieren oder bis zu 48 Stunden im Kühlschrank kalt stellen bzw. bis zu acht Wochen einfrieren.

Notizen

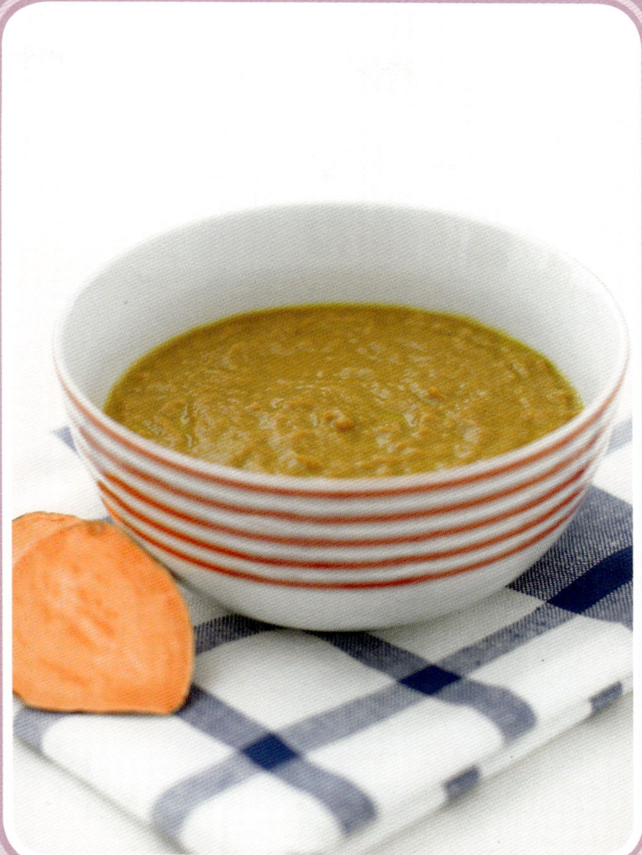

Notizen

Rindfleisch mit Karotten & Kartoffelbrei

Dieser Auflauf ist etwas für die ganze Familie. Wenn Sie Ihrem Baby allerdings etwas davon abgeben möchten, darf es auf keinen Fall gesalzen sein. Zweigen Sie also vor dem Würzen eine kleine Portion ab.

Vorbereiten: 10 Minuten

Garen: 1½–2 Stunden

Portionen: 5–6

Zutaten

- 50 g Zwiebeln, fein gehackt
- 1 Knoblauchzehe, zerdrückt
- 150 g Karotten, geschält und gehackt
- 200 g mageres Rinderschmorfleisch, gewürfelt
- 250 ml Gemüsebrühe (siehe Seite 14) oder Wasser
- 1 Prise getrocknete Kräuter der Provence

Kartoffelpüree

- 200 g Kartoffeln, geschält und gewürfelt
- 2 EL Vollmilch
- 5 g Butter oder reine Pflanzenmargarine

Den Backofen auf 160 °C vorheizen. Zwiebel, Knoblauch, Karotten, Fleisch, Brühe und Kräuter in einen kleinen Bräter geben und bei mittlerer Hitze zum Kochen bringen. Den Deckel aufsetzen und im vorgeheizten Ofen 1½–2 Stunden schmoren, bis das Gemüse sehr weich ist und das Fleisch auseinanderfällt.

Kurz vor Ende der Garzeit die Kartoffeln in einem Topf knapp mit Wasser bedecken und 12–15 Minuten weich kochen. Gut abtropfen lassen, dann mit Milch und Butter sorgfältig zerstampfen.

Fleisch und Gemüse glatt pürieren. In sechs Ramequin-Förmchen (à 150 ml) füllen und das Kartoffelpüree in Tupfen daraufspritzen oder darauf verstreichen.

Lauwarm servieren oder bis zu 48 Stunden im Kühlschrank kalt stellen bzw. bis zu acht Wochen einfrieren.

Pasta Bolognese

In Tomaten befindet sich das wertvolle Antioxidans Lycopin. Bei der Verarbeitung zu Dosenware werden die stabilen Zellwände der Tomaten aufgebrochen, sodass das Lycopin von Tomatenkonserven noch besser vom Körper verwertet werden kann als von frischen Tomaten.

Vorbereiten: 10 Minuten

Garen: 35–40 Minuten

Portionen: 4–5

Zutaten

- 1 EL Olivenöl
- 1 kleine Zwiebel, fein gehackt
- 1 Selleriestange, fein gehackt
- 1 Knoblauchzehe, zerdrückt
- 200 g sehr mageres Rinderhackfleisch
- 2 EL Tomatenmark
- 400 g gehackte Tomaten aus der Dose
- 90 ml Gemüsebrühe (siehe Seite 14) oder Wasser
- 50 g Minipasta

Das Öl in einer Pfanne erhitzen. Zwiebel, Sellerie und Knoblauch darin bei mittlerer Hitze 4–5 Minuten andünsten, bis sie weich werden.

Das Hackfleisch zufügen und 4–5 Minuten unter Rühren anbraten. Das Tomatenmark zugeben und 1 Minute rühren.

Tomaten und Brühe zugießen und zum Kochen bringen. Bei geschlossenem Deckel 20–25 Minuten köcheln lassen, bis die Sauce schön eingedickt ist.

Kurz vor Ende der Garzeit die Pasta nach Packungsangabe weich kochen. Gut abtropfen lassen. Die Bolognese-Sauce pürieren und die Pasta untermischen.

Lauwarm servieren oder bis zu 48 Stunden im Kühlschrank kalt stellen bzw. bis zu acht Wochen einfrieren.

Notizen

Rindfleisch mit Gemüse & Bohnen

Rotes Fleisch liefert unter anderem viel Eisen, das der Körper für die Bildung roter Blutkörperchen benötigt. Diese transportieren Sauerstoff durch den Körper und unterstützen das Immunsystem.

Vorbereiten: 10 Minuten

Garen: 1½–2 Stunden

Portionen: 7–8

Zutaten

- 50 g Zwiebeln, fein gehackt
- 200 g mageres Rinderschmorfleisch, gewürfelt
- 1 Selleriestange, gehackt
- 70 g Karotten, geschält und gehackt
- 140 g gehackte Tomaten aus der Dose
- 175 ml Gemüsebrühe (siehe Seite 14) oder Wasser
- 70 g Kidney-Bohnen in Wasser, abgespült und abgetropft

Den Backofen auf 160 °C vorheizen. Alle Zutaten bis auf die Bohnen in einen kleinen Bräter geben und bei mittlerer Hitze zum Kochen bringen. Den Deckel aufsetzen und im vorgeheizten Ofen 75–90 Minuten schmoren.

Aus dem Ofen nehmen und die Bohnen untermischen. Den Deckel wieder aufsetzen und weitere 15–30 Minuten im Ofen schmoren, bis das Gemüse weich ist und das Fleisch auseinanderfällt. Alles glatt pürieren.

Lauwarm servieren oder bis zu 48 Stunden im Kühlschrank kalt stellen bzw. bis zu acht Wochen einfrieren.

Notizen

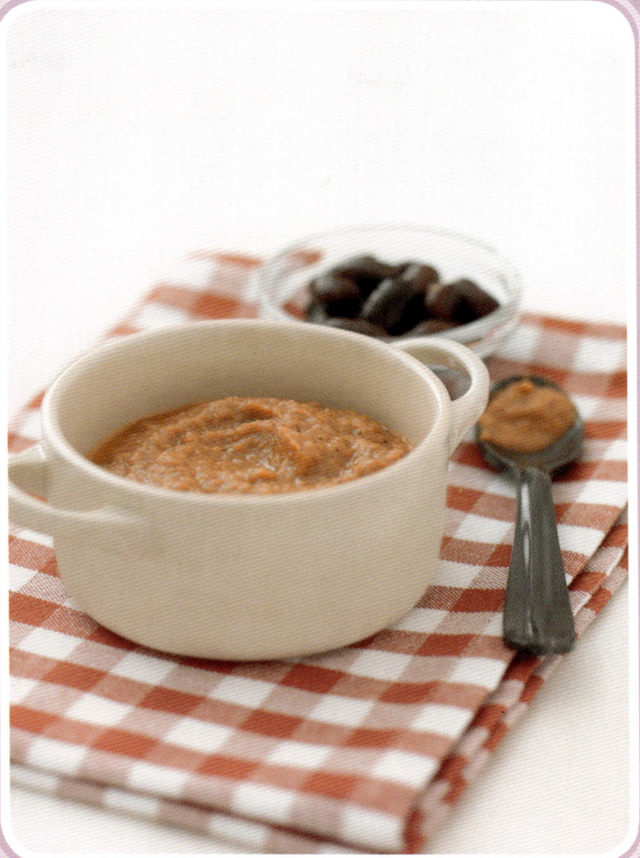

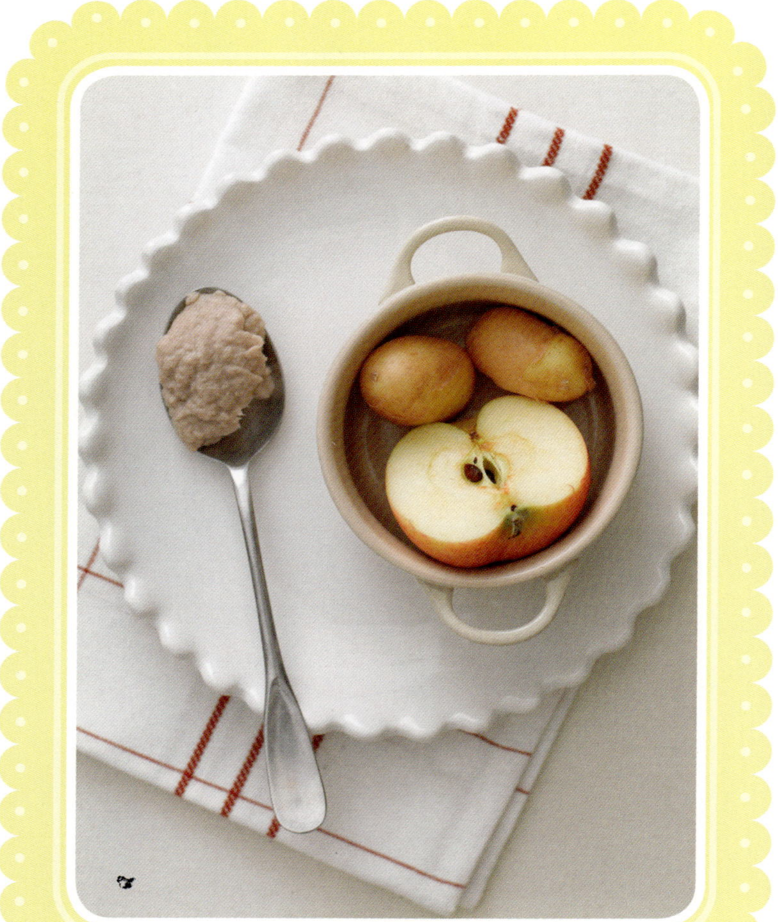

Schweinefleisch mit Kartoffeln & Äpfeln

Schweinefleisch enthält reichlich B-Vitamine, die für den Stoffwechsel unverzichtbar sind und auch bei der Bildung von roten Blutkörperchen eine wichtige Funktion übernehmen.

Vorbereiten: 10 Minuten

Garen: 1¼–1½ Stunden

Portionen: 6–7

Zutaten

- 50 g Zwiebeln, fein gehackt
- 70 g Tafelapfel
- 140 g Kartoffeln, geschält und gewürfelt
- 175 g Schweinefilet, gewürfelt
- 1 Prise getrockneter Salbei
- 275 ml Wasser

Den Backofen auf 160 °C vorheizen. Alle Zutaten in einen kleinen Bräter geben und bei mittlerer Hitze zum Kochen bringen. Den Deckel aufsetzen und im vorgeheizten Ofen 75–90 Minuten schmoren, bis das Gemüse sehr weich ist und das Fleisch auseinanderfällt. Alles glatt pürieren.

Lauwarm servieren oder bis zu 48 Stunden im Kühlschrank kalt stellen bzw. bis zu acht Wochen einfrieren.

Notizen

Cremiges Hühnchen mit Ananas

Dieser Brei ist schnell und einfach zubereitet. Älteren Babys kann er als Füllung in einem Sandwich oder als Dip mit leicht getoastetem Brot gereicht werden. Dieses Rezept können Sie auch mit (nicht gesalzenen) Bratenresten zubereiten.

Vorbereiten: 5 Minuten

Garen: 15 Minuten

Portionen: 2

Zutaten

- 1 TL Olivenöl
- 50 g Hähnchenbrustfilet, gewürfelt
- 4 EL Doppelrahmfrischkäse
- 1 EL Vollmilch-Joghurt
- 1 Scheibe geschälte frische Ananas, gewürfelt

Das Öl in einer Pfanne erhitzen. Die Hähnchenwürfel darin 12–15 Minuten unter gelegentlichem Wenden gar braten. Abkühlen lassen.

Die Fleischwürfel mit Frischkäse, Joghurt und Ananas glatt pürieren.

Lauwarm servieren oder bis zu 48 Stunden im Kühlschrank kalt stellen. Nicht einfrieren.

Notizen

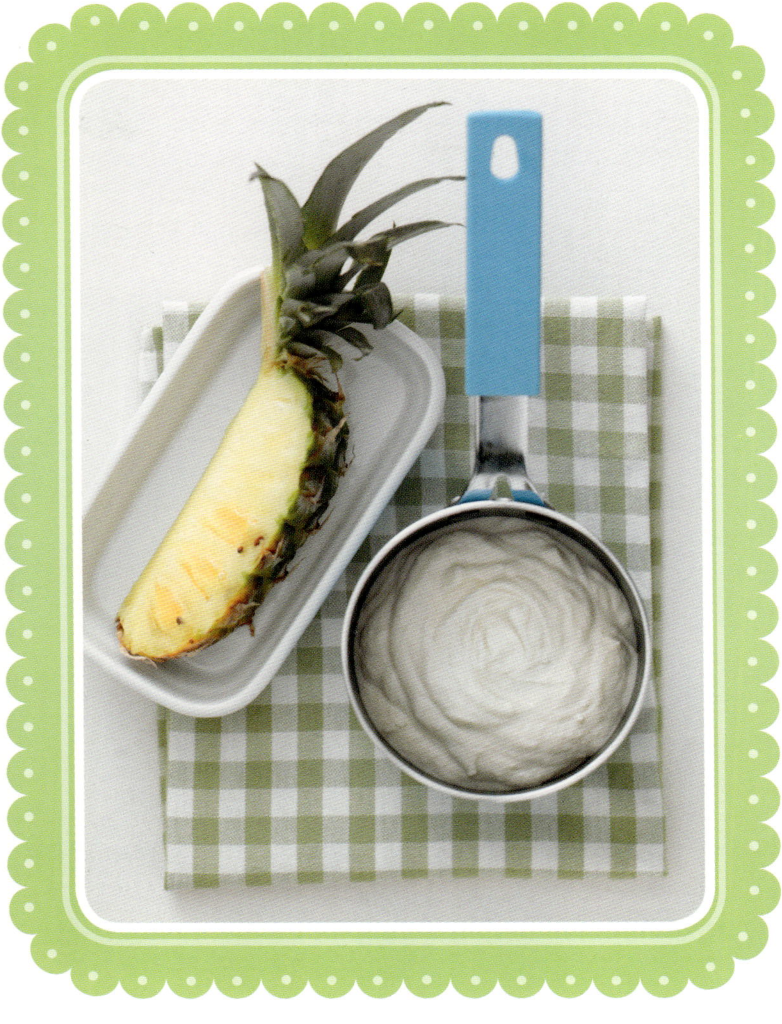

Hähnchen-Süßkartoffel-Apfel-Stampf

Die trockene Textur von Hähnchenfleisch stört Babys manchmal. Wenn man es aber mit Gemüse zu einem Püree verarbeitet, schmeckt es schon interessanter. Für ältere Babys kann das Püree recht stückig bleiben.

Vorbereiten: 10 Minuten

Garen: 25 Minuten

Portionen: 2–3

Zutaten

2 TL Olivenöl

25 g Porree, fein gehackt

50 g Hähnchenbrustfilet, fein gehackt

25 g kleine Champignons, fein gehackt

25 g Kartoffeln oder Süßkartoffeln, geschält und gewürfelt

½ kleiner Tafelapfel, geschält, entkernt und gehackt

150 ml Gemüsebrühe (siehe Seite 14) oder Wasser

Das Öl in einem kleinen Topf erhitzen. Porree und Hähnchenfleisch darin bei mittlerer Hitze 8–10 Minuten unter ständigem Rühren anbraten, bis der Porree weich und das Fleisch durchgegart, aber nicht gebräunt ist.

Pilze, Kartoffeln und Apfel zufügen. Mit der Brühe ablöschen und bei geschlossenem Deckel etwa 15 Minuten sanft schmoren, bis das Gemüse weich ist. Nach Belieben glatt oder etwas gröber pürieren.

Lauwarm servieren oder bis zu 48 Stunden im Kühlschrank kalt stellen bzw. bis zu acht Wochen einfrieren.

Notizen

Notizen

Notizen

Nudeln süßsauer

Bei der Umstellung auf feste Kost ist es wichtig, dem Kind verschiedene Texturen und Aromen nahezubringen. Wokgerichte sind ideal dafür, vorausgesetzt Sie lassen die Sojasauce weg; sie ist schlicht zu salzig.

Vorbereiten: 10 Minuten

Garen: 30–35 Minuten

Portionen: 5–6

Zutaten

100 g getrocknete feine Eiernudeln
1 TL Pflanzenöl
50 g Zwiebeln, fein gehackt
50 g rote Paprika, gehackt
50 g Karotten, gehackt
200 g Hähnchenbrustfilet, gewürfelt
1 EL Tomatenmark
80 g Ananasstücke im eigenen Saft (Abtropfgewicht) mit 200 ml Ananassaft (aus der Konserve)

Die Nudeln nach Packungsangabe kochen, abtropfen und warm halten.

Das Öl in einem Topf erhitzen. Zwiebeln, Paprika, Karotten und Hähnchenwürfel darin bei mittlerer bis starker Hitze 4–5 Minuten unter häufigem Rühren anbraten. Das Tomatenmark zugeben und 1 Minute rühren.

Mit dem Ananassaft ablöschen. Den Deckel aufsetzen und 15 Minuten köcheln lassen. Die Ananasstücke untermischen und bei geschlossenem Deckel weitere 5 Minuten schmoren, bis das Fleisch durchgegart ist.

Die Nudeln mit der Küchenschere in kurze Stücke schneiden oder auf die Größe klein schneiden, die für Ihr Kind geeignet ist. Die Hähnchenmischung pürieren und die Nudeln untermischen.

Lauwarm servieren oder bis zu 48 Stunden im Kühlschrank kalt stellen bzw. bis zu acht Wochen einfrieren.

Pasta mit Hähnchen, Pilzen & Mais

In magerem Hähnchenfleisch steckt viel Eiweiß, das für ein gesundes Wachstum erforderlich ist, ebenso wie Vitamine der B-Gruppe und Zink. Das Spurenelement ist wichtig für das Immunsystem.

Vorbereiten: 5 Minuten

Garen: 20–25 Minuten

Portionen: 2

Zutaten

- 15 g Zwiebeln, fein gehackt
- 25 g Champignons, in Scheiben
- 100 g Hähnchenbrustfilet, gewürfelt
- 35 g Gemüsemais aus der Dose, abgetropft (Tiefkühlware aufgetaut)
- 125 ml Vollmilch
- 25 g Minipasta

Alle Zutaten bis auf die Pasta in einen Topf geben und bei geschlossenem Deckel 15 Minuten unter gelegentlichem Rühren schmoren, bis das Fleisch durchgegart ist. Nach Belieben die Mischung durch ein Haarsieb streichen, um die Maishäute zurückzuhalten.

Inzwischen die Pasta nach Packungsangabe weich kochen. Gut abtropfen lassen und unter die Hähnchenmischung heben.

Lauwarm servieren oder bis zu 48 Stunden im Kühlschrank kalt stellen bzw. bis zu acht Wochen einfrieren.

Notizen

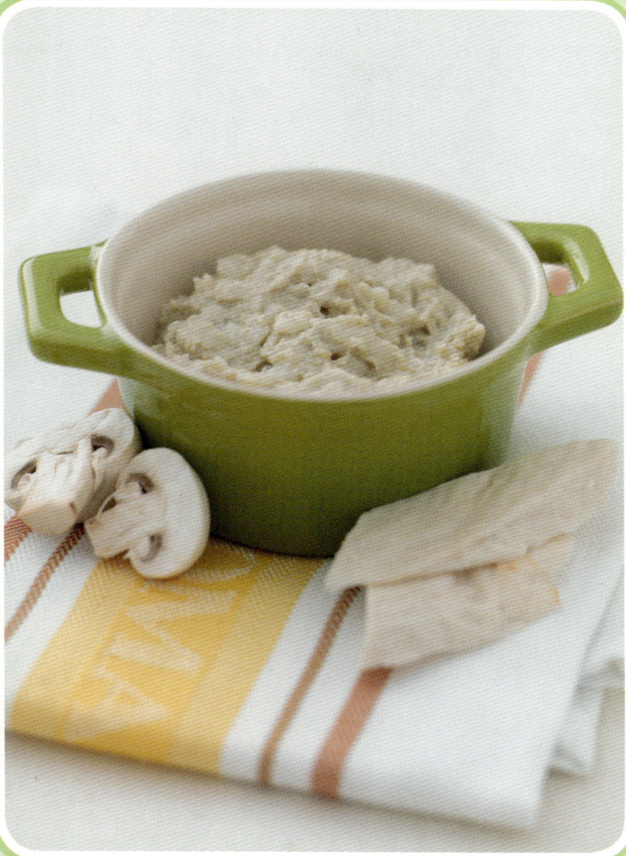

Hähnchencurry mit Blumenkohl & Kokos

Zögern Sie nicht, auch mal ein Curry anzubieten, vorausgesetzt Sie wählen ein sehr mildes Currypulver oder Currypaste. Kokosmilch ist reich an gesättigten Fettsäuren und sollte daher nur ab und an gegeben werden.

Vorbereiten: 10 Minuten

Garen: 25–30 Minuten

Portionen: 5–6

Zutaten

- 1 EL Pflanzenöl
- 35 g Zwiebeln, fein gehackt
- 1 Knoblauchzehe, zerdrückt
- 175 g Hähnchenbrustfilet, gewürfelt
- 1 TL mildes Currypulver
- 125 g Blumenkohl, in kleinen Röschen
- 200 ml Kokosmilch
- 100 g Erbsen (TK-Ware)

Das Öl in einem Topf erhitzen. Zwiebeln, Knoblauch und Hähnchenwürfel darin bei mittlerer Hitze 4–5 Minuten anbraten. Mit dem Currypulver bestäuben und 1 Minute rühren.

Blumenkohl und Kokosmilch zugeben und bei geschlossenem Deckel 12–15 Minuten köcheln lassen. Die Erbsen untermischen und bei geschlossenem Deckel weitere 5 Minuten garen.

Alles glatt pürieren. Nach Belieben den Brei durch ein Haarsieb streichen, um die Erbsenhäute zurückzuhalten.

Lauwarm servieren oder bis zu 48 Stunden im Kühlschrank kalt stellen bzw. bis zu acht Wochen einfrieren.

Notizen

Notizen

Hähnchen mit Wurzelgemüse

Es gibt keinen Grund, warum Ihr Baby nicht die gleichen Sachen essen sollte wie die übrige Familie, vor allem am Sonntag – mit dem einzigen Unterschied, dass die Zutaten weder gesalzen noch gezuckert werden dürfen.

Vorbereiten: 5 Minuten

Garen: 25–30 Minuten

Portionen: 3–4

Zutaten

225 g Hähnchenbrustfilet

100 g Karotten, geschält und in Stücken

125 g Pastinaken, geschält und in Stücken

40 g rote Zwiebeln, in Spalten

1 TL Olivenöl

100 ml Vollmilch

Den Backofen auf 200 °C vorheizen. Eine kleine Bratform mit Backpapier belegen.

Hähnchen, Karotten, Pastinaken und Zwiebeln darauf verteilen. Mit dem Öl beträufeln und darin wenden.

Im vorgeheizten Ofen 25–30 Minuten braten, bis das Fleisch durchgegart ist.

Die Milch sanft erhitzen. Mit Fleisch und Gemüse glatt pürieren.

Lauwarm servieren oder bis zu 48 Stunden im Kühlschrank kalt stellen bzw. bis zu acht Wochen einfrieren.

Tipp

Sie können dieselbe Menge übrig gebliebenen Geflügelbraten verwenden. Mixen Sie ihn mit lauwarmer Milch und Ofengemüse.

Putt-putt-Pasta

Putenfleisch ist fettarm und enthält viel Eiweiß sowie die Vitamine B3 und B6, die für ein gesundes Nervensytem benötigt werden. Daneben enthält es Phosphor, das für den Knochenbau mitverantwortlich ist.

Vorbereiten: 5 Minuten

Garen: 20–25 Minuten

Portionen: 5–6

Zutaten

- 1 TL Pflanzenöl
- 25 g Zwiebeln, fein gehackt
- 100 g Karotten, geschält und gehackt
- 150 g Putenschnitzel, gewürfelt
- 200 ml Vollmilch
- 80 g grüne Bohnen, in kurzen Stücken
- 50 g Minipasta

Das Öl in einem Topf erhitzen. Zwiebeln und Karotten darin 2–3 Minuten anbraten, bis sie weich werden. Putenfleisch und Milch zugeben und zum Sieden bringen. Die Hitze reduzieren und bei geschlossenem Deckel 10–12 Minuten garen.

Die Bohnen untermischen und 2–3 Minuten köcheln lassen, bis das Fleisch ganz durchgegart ist und die Bohnen weich sind.

Inzwischen die Pasta nach Packungsangabe weich kochen. Gut abtropfen lassen. Die Putenmischung pürieren und dann die Pasta untermischen.

Lauwarm servieren oder bis zu 48 Stunden im Kühlschrank kalt stellen bzw. bis zu acht Wochen einfrieren.

Notizen

Puten-Tagine mit Couscous

Kräuter und Gewürze wie Zimt können bereits für Babys verwendet werden, um auch ohne Salz Geschmack in die Speisen zu bringen und sie interessanter zu machen. Anders als Sie selbst findet Ihr Baby ungesalzenes Essen gar nicht fad.

Vorbereiten: 10 Minuten

Garen: 25–30 Minuten

Portionen: 4–5

Zutaten

- 1 TL Pflanzenöl
- 35 g Zwiebeln, fein gehackt
- 1 Knoblauchzehe, zerdrückt
- 100 g Karotten, fein gehackt
- 125 g Putenschnitzel, gewürfelt
- ¼ TL Zimt (nach Belieben)
- 1 TL mildes Currypulver
- 1 EL Tomatenmark
- 300 ml Gemüsebrühe (siehe Seite 14) oder Wasser
- 50 g Couscous

Das Öl in einem Topf erhitzen. Zwiebeln, Knoblauch, Karotten und Putenfleisch darin bei mittlerer Hitze 4–5 Minuten unter gelegentlichem Rühren anbraten.

Zimt, falls verwendet, Currypulver und Tomatenmark untermischen und 1 weitere Minute unter Rühren garen. Mit der Brühe ablöschen und 15–20 Minuten unter gelegentlichem Rühren schmoren, bis das Fleisch durchgegart ist.

Alles glatt pürieren. Den Couscous untermischen und bei kleiner Hitze 1 Minute quellen lassen. Den Topf vom Herd nehmen und bei geschlossenem Deckel 10 Minuten unter gelegentlichem Rühren abkühlen lassen.

Lauwarm servieren oder bis zu 48 Stunden im Kühlschrank kalt stellen bzw. bis zu acht Wochen einfrieren.

Tipp

Manche Babys reagieren empfindlich auf Zimt. Falls Sie sich also nicht sicher sind, lassen Sie ihn einfach weg.

Notizen

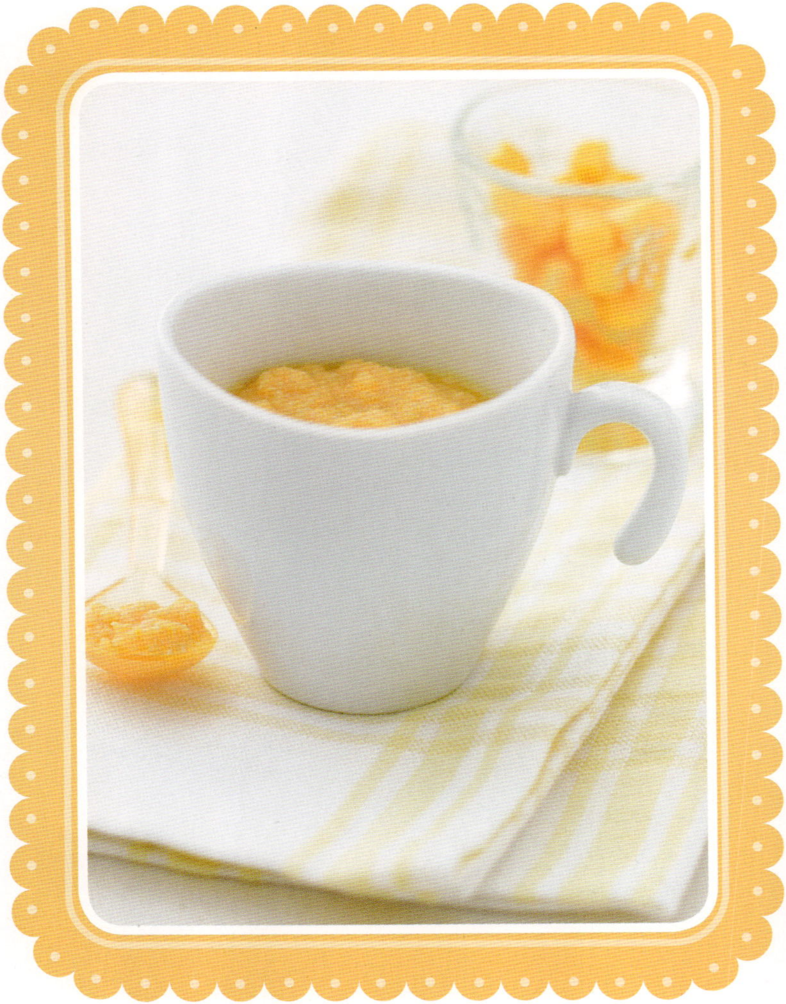

Mais-Puten-Stampf

Putenfleisch enthält viel Eiweiß, das ein wichtiger Baustein für Wachstum und Körperfunktion ist. Weil es sehr mager ist, kann das Fleisch schnell trocken werden und sollte deshalb am besten mit Sauce oder mit püriertem Gemüse serviert werden.

Vorbereiten: 5 Minuten

Garen: 20 Minuten

Portionen: 6–7

Zutaten

175 g Kartoffeln, geschält und gewürfelt

120 g Karotten, gewürfelt

150 g Putenschnitzel, gewürfelt

80 g Gemüsemais (abgetropft oder TK-Ware aufgetaut)

200 ml Vollmilch

Alle Zutaten in einen Topf geben. Bei mittlerer Hitze und geschlossenem Deckel zum Sieden bringen.

Die Hitze reduzieren und 20 Minuten sanft schmoren, bis das Fleisch durchgegart und das Gemüse weich ist. Alles glatt pürieren. Nach Belieben den Brei durch ein Haarsieb streichen, um die Maishäute zurückzuhalten.

Lauwarm servieren oder bis zu 48 Stunden im Kühlschrank kalt stellen bzw. bis zu acht Wochen einfrieren.

Notizen

Pute mit Reis

Basmatireis hat einen niedrigeren glykämischen Index als andere Reissorten. Es empfiehlt sich, bei der Nahrungsumstellung Ihr Baby auch mit Getreide wie Couscous, Polenta oder auch Quinoa bekannt zu machen.

Vorbereiten: 5 Minuten

Garen: 30 Minuten

Portionen: 5–6

Zutaten

- 40 g Zwiebeln, fein gehackt
- 150 g Putenschnitzel, gewürfelt
- 100 g Karotten, fein gehackt
- 400 ml Gemüsebrühe (siehe Seite 14) oder Wasser
- 50 g Basmatireis, gewaschen
- 70 g dicke Bohnen (TK-Ware)
- 70 g Erbsen (TK-Ware)

Zwiebeln, Putenfleisch, Karotten und Brühe in einen Topf geben und bei mittlerer Hitze und geschlossenem Deckel 15 Minuten sanft köcheln lassen.

Reis, Bohnen und Erbsen untermischen und weitere 15 Minuten schmoren, bis das Fleisch durchgegart und Reis und Gemüse weich sind.

Alles glatt pürieren. Nach Belieben den Brei durch ein Haarsieb streichen, um die Bohnen- und Erbsenhäute zurückzuhalten.

Lauwarm servieren oder bis zu 48 Stunden im Kühlschrank kalt stellen bzw. bis zu acht Wochen einfrieren.

Notizen

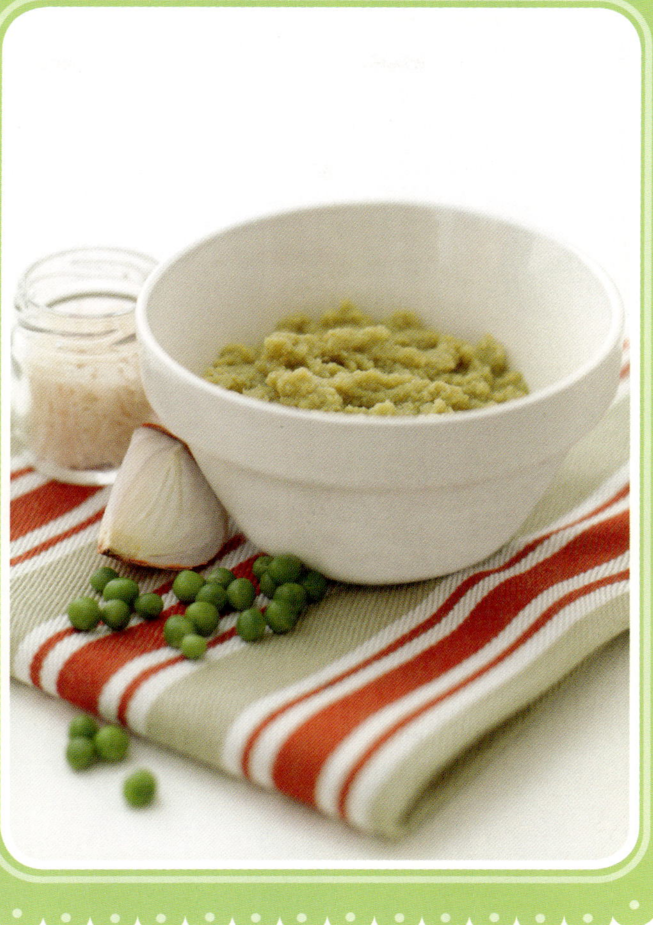

Pute & Süßkartoffeln mit Cranberrys

Gibt man frische oder getrocknete Früchte in einen herzhaften Babybrei, werden Aroma und Textur interessanter. Außerdem erhält das Gericht eine zusätzliche Portion antioxidatives Vitamin C.

Vorbereiten: 5 Minuten

Garen: 20–30 Minuten

Portionen: 6–7

Zutaten

225 g Süßkartoffeln, geschält und gewürfelt

150 g Putenbrust, gewürfelt

40 g Zwiebeln, fein gehackt

300 ml Gemüsebrühe (siehe Seite 14) oder Wasser

1 Prise getrockneter Salbei

100 g grüne Bohnen, in kurzen Stücken

50 g frische Cranberrys

Süßkartoffeln, Putenfleisch, Zwiebeln, Brühe und Salbei in einen Topf geben und bei mittlerer Hitze und geschlossenem Deckel zum Sieden bringen. Dann die Hitze reduzieren und 15–20 Minuten sanft garen.

Bohnen und Cranberrys zufügen und weitere 5–10 Minuten schmoren, bis das Putenfleisch durchgegart und das Gemüse weich ist. Alles glatt pürieren.

Lauwarm servieren oder bis zu 48 Stunden im Kühlschrank kalt stellen bzw. bis zu acht Wochen einfrieren.

Notizen

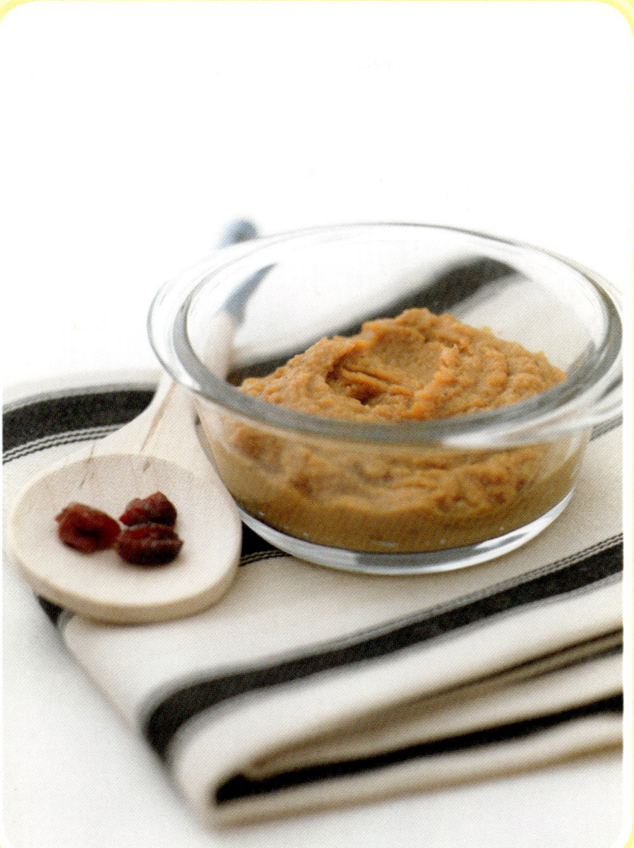

Kapitel 4
Fisch

Hier ist Platz für mein Foto.

Mein erstes Fischgericht:

....

....

....

....

Mein Lieblingsfisch/-gericht:

....

....

....

....

Erinnerungen:

....

....

....

....

Notizen

Lachs mit Erbsen

Lachs enthält viele wertvolle Proteine und gesunde Omega-3-Fettsäuren ebenso wie B-Vitamine, die für die Bildung der roten Blutkörperchen und für ein gesundes Nervensystem erforderlich sind.

Vorbereiten: 10 Minuten
Garen: 25–30 Minuten
Portionen: 4

Zutaten

- 175 g Lachsfilet ohne Haut
- 1 Flöckchen Butter oder reine Pflanzenmargarine
- 175 g Kartoffeln, geschält und gewürfelt
- 80 g Karotten, gewürfelt
- 150 ml Vollmilch
- 80 g Erbsen (TK-Ware)
- 40 g Gouda, gerieben

Den Backofen auf 180 °C vorheizen. Den Lachs in die Mitte eines quadratischen Stücks Alufolie legen. Die Butter daraufgeben und die Alufolie zu einem lockeren Päckchen verschließen. Auf ein Backblech setzen und im vorgeheizten Ofen 10–15 Minuten backen, bis der Fisch gar ist. Den Fisch zerteilen und eventuelle Gräten entfernen.

Kartoffeln, Karotten und Milch in einen kleinen Topf geben. Bei mittlerer Hitze und geschlossenem Deckel 10–12 Minuten sanft köcheln lassen. Die Erbsen zugeben und weitere 2–3 Minuten garen, bis das Gemüse weich ist.

Den Lachs zufügen und mit dem Gemüse zerdrücken, bis die gewünschte Konsistenz erreicht ist. Nach Belieben die Mischung durch ein Haarsieb streichen, um die Erbsenhäute zurückzuhalten. Den Käse unterrühren, bis er geschmolzen ist.

Lauwarm servieren oder bis zu 48 Stunden im Kühlschrank kalt stellen bzw. bis zu acht Wochen einfrieren.

Cremige Lachspasta

Fettfisch wie Lachs oder Thunfisch ist reich an Omega-3-Fettsäuren, die unerlässlich für die Entwicklung des Gehirns sind. Dieses einfache und leckere Rezept ist ideal, um Ihr Kind an Lachs zu gewöhnen.

Vorbereiten: 10 Minuten

Garen: 15 Minuten

Portionen: 2

Zutaten

- 40 g Minipasta
- 25 g Brokkoliröschen
- 1 TL Olivenöl
- 1 Flöckchen Butter oder reine Pflanzenmargarine
- ½ kleiner Porree, geputzt und fein gehackt
- 140 g Lachsfilet ohne Haut, gewürfelt
- 2 EL Doppelrahmfrischkäse mit Knoblauch und Kräutern
- 1–1 ½ EL Vollmilch

Die Pasta nach Packungsangabe weich kochen. Den Brokkoli in einem Topf knapp mit Wasser bedecken und 8–10 Minuten weich dünsten oder gar dämpfen.

Inzwischen Öl und Butter in einer kleinen Pfanne erhitzen. Den Porree darin bei mittlerer Hitze 7 Minuten dünsten, bis er weich wird. Den Lachs zugeben und 5 Minuten garen. Frischkäse und Milch zufügen und erhitzen.

Pasta und Brokkoli abtropfen lassen. Den Brokkoli unter den Lachs mischen und alles glatt pürieren. Die Pasta untermischen.

Lauwarm servieren oder bis zu 48 Stunden im Kühlschrank kalt stellen. Nicht einfrieren.

Notizen

Lachs-Spargel-Risotto

Spargel hat ein ausgeprägtes Eigenaroma und sollte nicht unbedingt als erstes Gemüse eingeführt werden. Später aber, wenn Ihr Baby schon einige Obst- und Gemüsesorten kennt, findet es bestimmt Gefallen am Königsgemüse.

Vorbereiten: 10 Minuten

Garen: 20–25 Minuten

Portionen: 4

Zutaten

1 TL Olivenöl

40 g Zwiebeln, fein gehackt

80 g Risotto-Reis

400 ml heiße Gemüsebrühe (siehe Seite 14) oder Wasser

175 g Lachsfilet ohne Haut, gewürfelt

50 g grüner Spargel, geputzt, in kurzen Stücken

Das Öl in einem Topf erhitzen. Die Zwiebeln darin 2–3 Minuten bei mittlerer Hitze anbraten, bis sie weich werden.

Den Reis zufügen und 1 Minute rühren. Mit der Hälfte der Brühe ablöschen und 8–10 Minuten unter ständigem Rühren garen.

Lachs, Spargel und restliche Brühe zufügen und bei geschlossenem Deckel 8–10 Minuten garen, bis alle Zutaten weich und durchgegart sind. Alles glatt pürieren.

Lauwarm servieren oder bis zu 48 Stunden im Kühlschrank kalt stellen bzw. bis zu acht Wochen einfrieren.

Notizen

Notizen

Lachstöpfchen mit Kartoffelpüree

Lachs und Karotten sind beide für sich schon gesund, aber in der Kombination wird ein doppelter Effekt erzielt: Das Fett im Lachs hilft, dass die Betakarotine in den Karotten vom Körper besser aufgenommen werden.

Vorbereiten: 10 Minuten

Garen: 25–30 Minuten

Portionen: 2

Zutaten

75 g Lachsfilet ohne Haut

1 Flöckchen Butter oder reine Pflanzenmargarine

50 g Karotten, geschält und gehackt

4 EL Vollmilch

15 g frische Spinatblätter, dicke Stiele entfernt

2 EL Doppelrahmfrischkäse

Kartoffelpüree

100 g Kartoffeln, geschält und gewürfelt

1 EL Vollmilch

1 Flöckchen Butter oder reine Pflanzenmargarine

Den Backofen auf 180 °C vorheizen. Den Lachs in die Mitte eines quadratischen Stücks Alufolie legen. Die Butter daraufsetzen und die Alufolie zu einem lockeren Päckchen verschließen. Auf ein Backblech setzen und im vorgeheizten Ofen 10–15 Minuten backen, bis der Fisch gar ist. Aus dem Ofen nehmen und zerteilen. Eventuelle Gräten entfernen.

Karotten und Milch in einen kleinen Topf geben und bei geschlossenem Deckel 10–12 Minuten garen. Den Spinat zufügen und 1–2 Minuten mitgaren, bis er zusammengefallen ist. Frischkäse und Lachs untermischen. Alles glatt pürieren.

Inzwischen die Kartoffeln in einem kleinen Topf mit kochendem Wasser 12–15 Minuten gar kochen. Gut abtropfen lassen und mit Milch und Butter sorgfältig zerstampfen.

Die Lachsmischung auf zwei Ramequin-Förmchen (à 150 ml) verteilen und das Kartoffelpüree in Tupfen daraufspritzen oder darauf verstreichen.

Lauwarm servieren oder bis zu 48 Stunden im Kühlschrank kalt stellen. Nicht einfrieren.

Lachsnudeln mit Tomate

Omega-3-Fettsäuren, die reichlich in Fettfisch vorhanden sind, sind wichtig für die Entwicklung des Gehirns, unterstützen aber auch die Funktion von Herz und Nervensystem.

Vorbereiten: 10 Minuten

Garen: 20–25 Minuten

Portionen: 3

Zutaten

- 50 g feine Eiernudeln
- ½ TL Pflanzenöl
- 25 g Zwiebeln, fein gehackt
- 25 g rote Paprika, gewürfelt
- 40 g Champignons, in Scheiben
- ½ EL Tomatenmark
- 200 g gehackte Tomaten aus der Dose
- 80 g Lachsfilet ohne Haut, gewürfelt

Die Nudeln nach Packungsangabe weich kochen. Gut abtropfen lassen und abgedeckt warm halten.

Inzwischen das Öl in einem Topf erhitzen. Die Zwiebeln darin bei starker Hitze 2–3 Minuten anbraten. Paprika und Pilze zufügen und weitere 3–4 Minuten garen.

Das Tomatenmark zufügen und 1 Minute rühren. Die Tomaten zugeben und 10 Minuten sanft köcheln lassen.

Den Lachs unter die Tomatensauce mischen und 5 Minuten darin garen, bis er sich leicht zerteilen lässt. Eventuelle Gräten entfernen. Alles glatt pürieren.

Die Nudeln mit einer Küchenschere in kurze Stücke schneiden oder auf die Größe schneiden, die für Ihr Kind geeignet ist. Die Nudeln unter die Lachsmischung heben.

Lauwarm servieren oder bis zu 48 Stunden im Kühlschrank kalt stellen. Nicht einfrieren.

Notizen

Pasta mit Tomaten-Lachs-Sauce

Während des ersten Lebensjahres verdreifacht sich das Hirnvolumen. Deshalb braucht Ihr Kind große Mengen essenzieller Fettsäuren. Die beste Quelle dafür ist ein Fettfisch wie Lachs.

Vorbereiten: 10 Minuten

Garen: 35–40 Minuten

Portionen: 4–6

Zutaten

- 80 g Minipasta
- 175 g Lachsfilet ohne Haut
- 1 Flöckchen Butter oder reine Pflanzenmargarine
- 70 g Karotten, geschält und fein gehackt
- 1 Selleriestange, fein gehackt
- 200 g gehackte Tomaten aus der Dose
- 1 Prise getrockneter Thymian
- 4 EL Wasser

Den Backofen auf 160 °C vorheizen. Die Pasta nach Packungsangabe weich kochen. Gut abtropfen lassen und abgedeckt warm halten.

Inzwischen den Lachs in die Mitte eines quadratischen Stücks Alufolie legen. Die Butter daraufgeben und die Alufolie zu einem lockeren Päckchen verschließen. Auf ein Backblech setzen und im vorgeheizten Ofen 10–12 Minuten backen, bis der Fisch gar ist. Den Fisch zerteilen und eventuelle Gräten entfernen.

Karotten, Sellerie, Tomaten, Thymian und Wasser in einen kleinen Topf geben. Bei mittlerer Hitze und geschlossenem Deckel 15–20 Minuten sanft köcheln lassen, bis das Gemüse weich ist. Den Lachs zufügen und mit dem Gemüse glatt pürieren. Die Pasta untermischen.

Lauwarm servieren oder bis zu 48 Stunden im Kühlschrank kalt stellen bzw. bis zu acht Wochen einfrieren.

Notizen

Notizen

Käsenudeln mit Thunfisch & Mais

Thunfisch aus der Dose enthält weniger Omega-3-Fettsäuren als frischer, aber immer noch genug andere wertvolle Nährstoffe wie Eiweiß und B-Vitamine. Verwenden Sie Thunfisch in Wasser oder in Öl.

Vorbereiten: 10 Minuten
Garen: 10–15 Minuten
Portionen: 5–6

Zutaten

- 80 g Minipasta
- 15 g Butter oder reine Pflanzenmargarine
- 40 g Zwiebeln, fein gehackt
- 1 EL Weizenmehl
- 150 ml Vollmilch
- 50 g mittelalter Gouda, gerieben
- 150 g Thunfisch in Wasser oder Öl, abgetropft
- 70 g Gemüsemais aus der Dose, abgetropft (TK-Ware aufgetaut)

Die Pasta nach Packungsangabe weich kochen. Gut abtropfen lassen und abgedeckt warm halten.

Inzwischen die Butter in einem Topf bei mittlerer Hitze zerlassen. Die Zwiebel darin 2–3 Minuten andünsten, bis sie weich wird. Das Mehl einstreuen und 1 Minute unter Rühren anschwitzen. Nach und nach die Milch unter Rühren zugießen. Dann die Sauce zum Kochen bringen und 1 Minute eindicken.

Käse, Thunfisch und Mais zugeben und rühren, bis der Käse geschmolzen und die Mischung glatt ist. Nach Belieben den Brei durch ein Haarsieb streichen, um die Maishäute zurückzuhalten. Die Pasta untermischen.

Lauwarm servieren oder bis zu 48 Stunden im Kühlschrank kalt stellen bzw. bis zu acht Wochen einfrieren.

Avocado-Thunfisch-Stampf ohne Kochen

In Avocados stecken wichtige Nährstoffe wie die Vitamine C, E und B6, Eisen und Magnesium. Älteren Babys können Sie diese Zubereitung auch als Aufstrich auf weichem Brot servieren. Sie schmeckt auch als Füllung von Ofenkartoffeln.

Vorbereiten: 5 Minuten

Garen: ohne

Portionen: 1

Zutaten

40 g Thunfisch in Wasser
½ weiche Avocado
1 EL Mayonnaise (nicht selbst zubereitet!)

Den Thunfisch abtropfen lassen und in einer Schale zerdrücken. Die Avocado entsteinen und das Fruchtfleisch mit einem Löffel aus der Schale lösen.

Avocado und Mayonnaise zum Thunfisch geben und mit einer Gabel glatt zerdrücken.

Sofort servieren. Nicht kalt stellen und nicht einfrieren.

Notizen

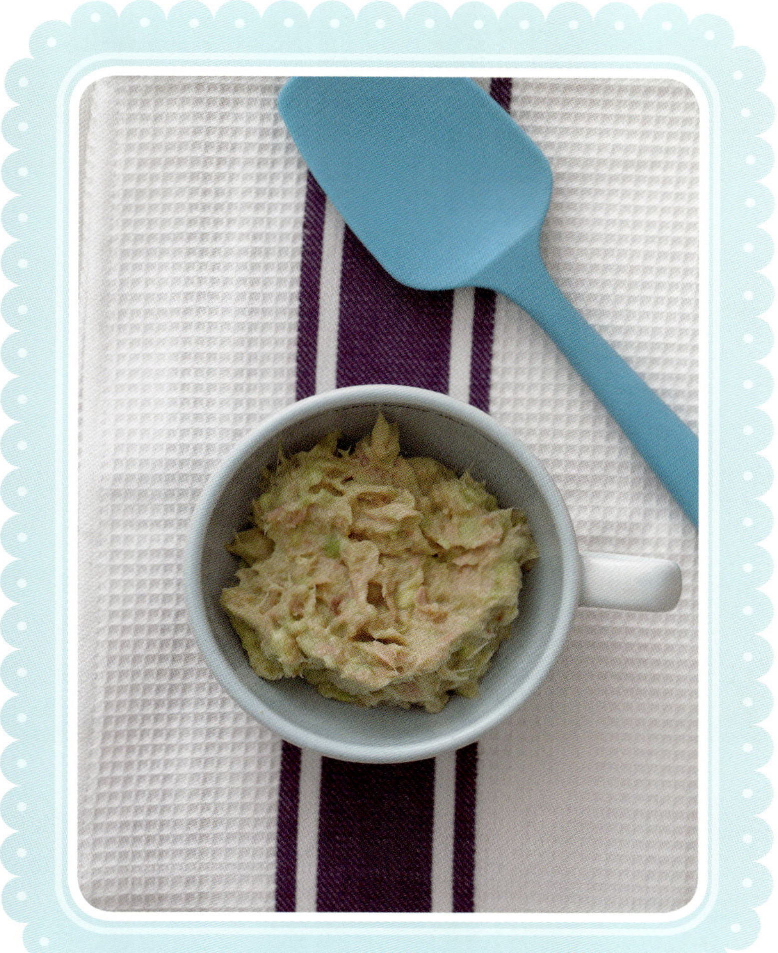

Seezunge mit Kartoffeln & Spinat

Seezunge ist eine gute Wahl für die erste festere Babykost. Sie hat eine feine, leichte Textur und ist mild im Geschmack. Wie alle weißfleischigen Fische ist sie eine gute Quelle für Eiweiß, B-Vitamine und Selen.

Vorbereiten: 10 Minuten

Garen: 20–25 Minuten

Portionen: 4

Zutaten

175 ml Vollmilch

175 g Kartoffeln, geschält und gewürfelt

80 g Karotten, gehackt

150 g Seezungenfilet ohne Haut, gewürfelt

50 g frische Spinatblätter, dicke Stiele entfernt

fein abgeriebene Schale von ½ Zitrone

Milch, Kartoffeln und Karotten in einen mittleren Topf geben. Bei geschlossenem Deckel 12–15 Minuten sanft köcheln lassen.

Den Fisch zugeben und weitere 4–5 Minuten garen. Den Spinat untermischen und weitere 2–3 Minuten köcheln lassen, bis er zusammengefallen und der Fisch durchgegart ist. Die Zitronenschale zufügen und alles glatt pürieren.

Lauwarm servieren oder bis zu 48 Stunden im Kühlschrank kalt stellen bzw. bis zu acht Wochen einfrieren.

Notizen

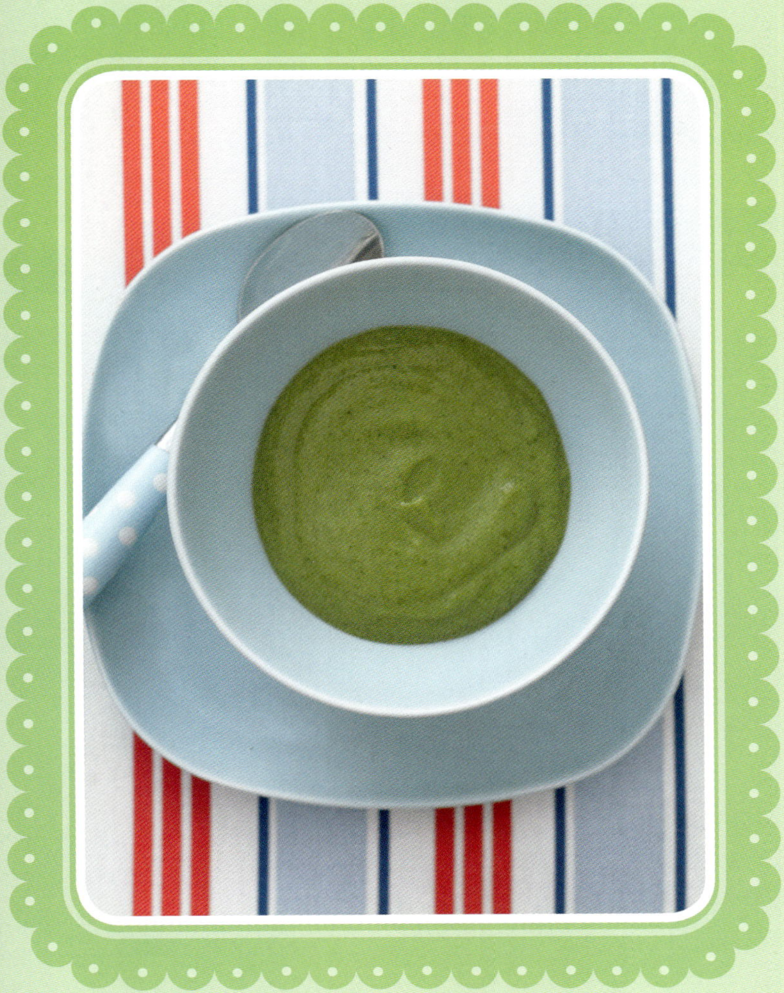

Notizen
....
....
....

Cremige Seezunge

Seezunge enthält reichlich Selen, das zu gesundem Haar und Nägeln beiträgt. Das Spurenelement fördert auch ein intaktes Immunsystem und schützt vor Herzerkrankungen.

Vorbereiten:
10 Minuten

Garen:
25–30 Minuten

Portionen:
5–6

Zutaten

- 15 g Butter oder reine Pflanzenmargarine
- 40 g Zwiebeln, fein gehackt
- 1 kleine Selleriestange, fein gehackt
- 1 EL Weizenmehl
- 150 ml Vollmilch
- 150 g Kartoffeln, geschält und gewürfelt
- 150 g Seezungenfilet ohne Haut, gewürfelt
- 125 g Gemüsemais aus der Dose, abgetropft (TK-Ware aufgetaut)

Die Butter in einem Topf bei mittlerer Hitze zerlassen. Zwiebel und Sellerie darin 2–3 Minuten andünsten, bis sie weich werden.

Das Mehl einstreuen und 1 Minute unter Rühren anschwitzen. Nach und nach die Milch unterrühren. Dann zum Kochen bringen und 1 Minute eindicken.

Die Kartoffeln zugeben und 12–15 Minuten garen. Seezunge und Mais untermischen und 5–6 Minuten mitkochen, bis der Fisch durchgegart ist.

Alles glatt pürieren. Nach Belieben den Brei durch ein Haarsieb streichen, um die Maishäute zurückzuhalten.

Lauwarm servieren oder bis zu 48 Stunden im Kühlschrank kalt stellen bzw. bis zu acht Wochen einfrieren.

Seezunge mit Tomaten & neuen Kartoffeln

Seezunge ist sehr fettarm, weshalb der Fisch in der ersten Übergangszeit mit fettreichen Zutaten wie Milch kombiniert werden sollte. Die Tomaten steuern nicht nur Geschmack bei, sondern auch Vitamin C und B6.

Vorbereiten: 10 Minuten

Garen: 25–30 Minuten

Portionen: 4

Zutaten

175 g Seezungenfilet ohne Haut

80 g Cocktailtomaten, halbiert

150 g neue Kartoffeln, abgebürstet und gewürfelt

90 ml Vollmilch

Den Backofen auf 180 °C vorheizen. Seezunge, Tomaten, Kartoffeln und Milch in eine kleine Auflaufform geben. Mit Alufolie abdecken und im vorgeheizten Ofen 25–30 Minuten backen, bis der Fisch durchgegart und die Kartoffeln weich sind. Eventuell letzte Gräten aus dem Fischfilet entfernen. Alles glatt pürieren.

Lauwarm servieren oder bis zu 48 Stunden im Kühlschrank kalt stellen bzw. bis zu acht Wochen einfrieren.

Notizen

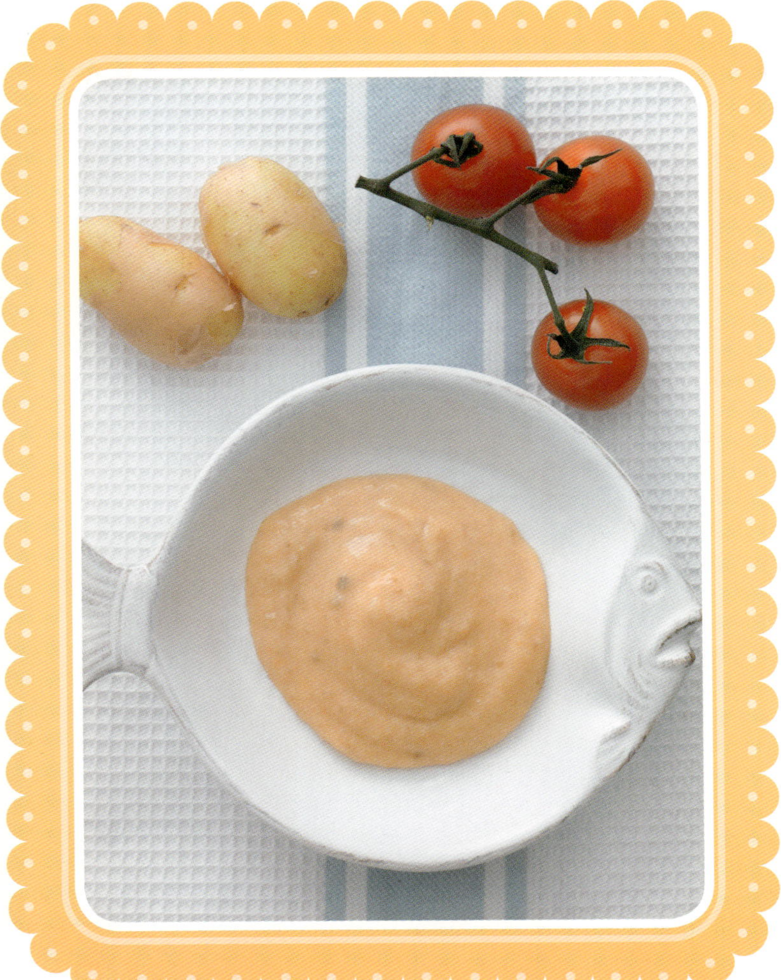

Heilbutt mit Brokkoli & Zucchini

Mit der Zeit sollten Sie das Essen für Ihr Kind eher fein zerdrücken, statt pürieren, damit die Kost etwas mehr Textur bekommt. Brokkoli enthält viel Vitamin C, Folsäure aus der Gruppe der B-Vitamine sowie Eisen und Kalium.

Vorbereiten: 10 Minuten

Garen: 10–12 Minuten

Portionen: 4

Zutaten

- 25 g Zwiebeln, fein gehackt
- 140 g Heilbuttfilet, gewürfelt
- 175 ml Vollmilch
- 100 g Brokkoli, in kleinen Röschen
- 70 g Zucchini, klein gewürfelt

Alle Zutaten in einen Topf geben und bei geschlossenem Deckel und mittlerer Hitze 10–12 Minuten sanft köcheln lassen, bis alle Zutaten durchgegart und weich sind. Alles glatt pürieren.

Lauwarm servieren oder bis zu 48 Stunden im Kühlschrank kalt stellen bzw. bis zu acht Wochen einfrieren.

Notizen

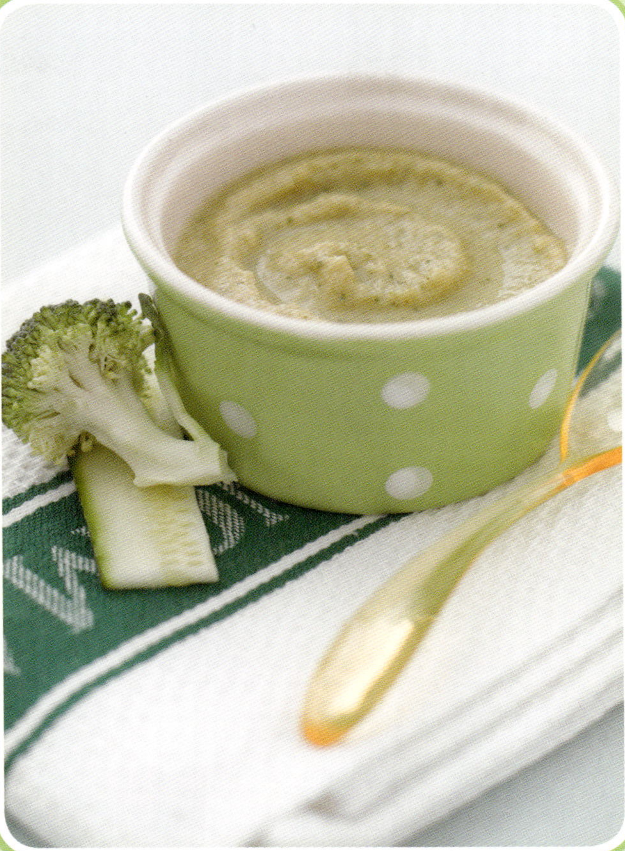

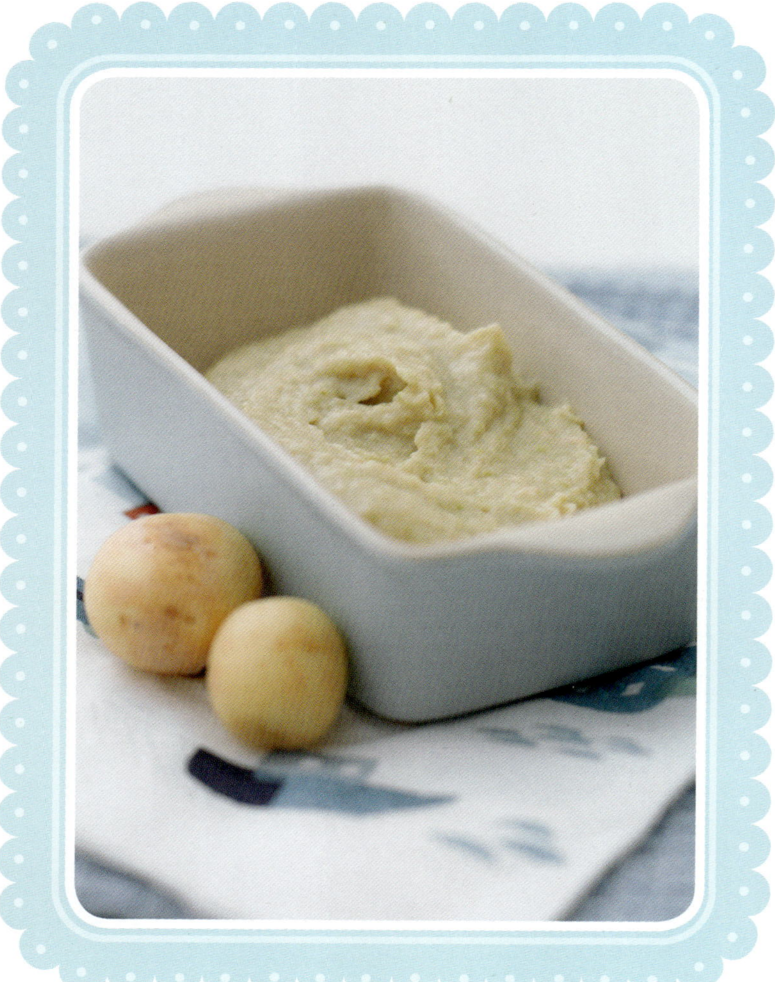

Käse-Kartoffelpüree mit Heilbutt

Tiefgekühlte Erbsen sind sehr praktisch, und weil sie unmittelbar nach der Ernte schockgefrostet werden, bleiben viele Nährstoffe erhalten. Das Vitamin C der Erbsen unterstützt den Körper bei der Aufnahme von Eisen.

Vorbereiten: 10 Minuten

Garen: 10–12 Minuten

Portionen: 4

Zutaten

140 g Heilbuttfilet ohne Haut, gewürfelt
150 ml Vollmilch
200 g Kartoffeln, geschält und gewürfelt
100 g Erbsen (TK-Ware)
25 g mittelalter Gouda, gerieben

Alle Zutaten bis auf den Käse in einen Topf geben und bei mittlerer Hitze und geschlossenem Deckel 10–12 Minuten sanft köcheln lassen, bis das Gemüse weich und der Fisch durchgegart ist. Eventuell letzte Gräten entfernen.

Alles glatt pürieren. Nach Belieben den Brei durch ein Haarsieb streichen, um die Erbsenhäute zurückzuhalten. Den Käse unterrühren.

Lauwarm servieren oder bis zu 48 Stunden im Kühlschrank kalt stellen bzw. bis zu acht Wochen einfrieren.

Notizen

Heilbutt mit Tomatenpasta

Diese fruchtige Tomatensauce passt hervorragend zur Pasta. Heilbutt enthält viel Vitamin B12, das zur Bildung von roten Blutkörperchen und für ein funktionierendes Immunsystem benötigt wird.

Vorbereiten: 10 Minuten

Garen: 35–40 Minuten

Portionen: 6–7

Zutaten

50 g Minipasta
1 EL Olivenöl
40 g Zwiebeln, fein gehackt
2 kleine Selleriestangen, fein gehackt
100 g Zucchini, klein gewürfelt
2 EL Tomatenmark
400 g gehackte Tomaten aus der Dose
90 ml Gemüsebrühe (siehe Seite 14) oder Wasser
140 g Heilbuttfilet ohne Haut, gewürfelt

Die Pasta nach Packungsangabe weich kochen. Gut abtropfen lassen und abgedeckt warm halten.

Inzwischen das Öl in einer Pfanne erhitzen. Zwiebel, Sellerie und Zucchini darin bei mittlerer Hitze 4–5 Minuten dünsten, bis sie weich werden.

Das Tomatenmark 1 Minute unterrühren. Tomaten und Brühe zufügen und zum Kochen bringen. Bei geschlossenem Deckel 15–20 Minuten eindicken lassen.

Den Fisch zufügen und bei geschlossenem Deckel 5 Minuten mitdünsten, bis er durchgegart ist.

Alles glatt pürieren. Die Pasta untermischen.

Lauwarm servieren oder bis zu 48 Stunden im Kühlschrank kalt stellen bzw. bis zu acht Wochen einfrieren.

Notizen

Gegrillter Heilbutt mit Mangosalsa

Die Mangosalsa verleiht diesem Gericht eine interessante fruchtige Note und wird Ihrem Baby nicht nur gut schmecken, sondern es auch mit den wichtigen Vitaminen C, E und B6 versorgen.

Vorbereiten: 10 Minuten

Garen: 5 Minuten

Portionen: 1

Zutaten

40 g Heilbuttfilet ohne Haut, gewürfelt

½ weiche Avocado, geschält, entsteint und gewürfelt

50 g vollreifes Mangofleisch, gewürfelt

25 g Cocktailtomaten, geviertelt

1 TL frisch gehacktes Basilikum

2 EL Orangensaft

Den Backofengrill vorheizen und den Heilbutt darunter 4–5 Minuten von jeder Seite grillen.

Den Heilbutt mit Avocado, Mango, Tomaten, Basilikum und Orangensaft glatt pürieren.

Sofort servieren. Nicht kalt stellen und nicht einfrieren.

Notizen

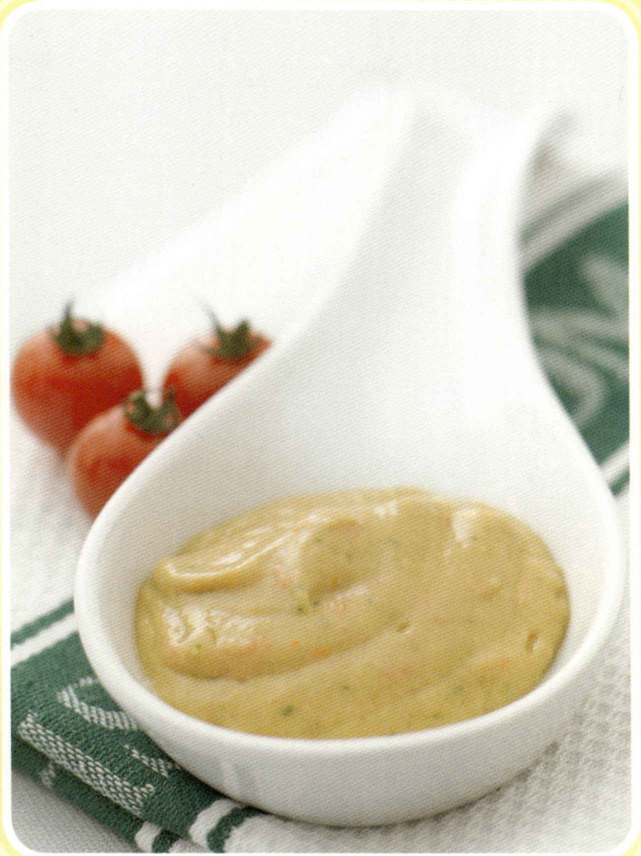

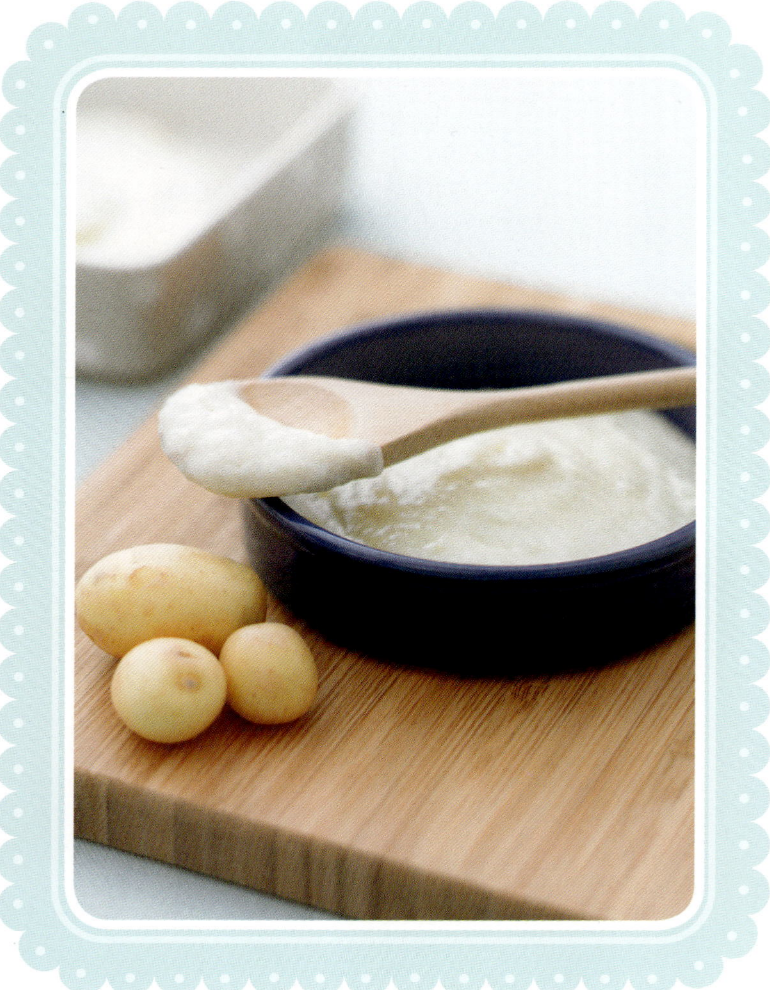

Kinderleichter Flunder-Kartoffelbrei

Durch die Zitronenschale erhält das Gericht auch ohne Salz ein feines Aroma. Sie können auch etwas fein gehackten Schnittlauch oder Basilikum ausprobieren, um den Geschmack noch weiter zu unterstreichen.

Vorbereiten: 10 Minuten

Garen: 25–30 Minuten

Portionen: 5–6

Zutaten

175 g Flunder- oder Schollenfilet ohne Haut

175 ml Vollmilch

200 g Kartoffeln, geschält und gewürfelt

fein abgeriebene Schale von ½ Bio-Zitrone

Den Backofen auf 180 °C vorheizen. Alle Zutaten in eine kleine Auflaufform geben und locker mit Alufolie bedecken. Im vorgeheizten Ofen 25–30 Minuten backen, bis die Kartoffeln weich und der Fisch durchgegart ist. Alles glatt pürieren.

Lauwarm servieren oder bis zu 48 Stunden im Kühlschrank kalt stellen bzw. bis zu acht Wochen einfrieren.

Notizen

Flunder mit Kürbis & Karotte

Flunder ist schnell gegart und deshalb ideal, wenn es mal zügig gehen muss. Sie hat ein mildes Aroma und eine feine Textur, was sie zu einer vielseitigen Zutat für Babykost macht.

Vorbereiten: 10 Minuten

Garen: 20 Minuten

Portionen: 4

Zutaten

- 40 g rote Zwiebel, fein gehackt
- 100 g Karotten, geschält und fein gehackt
- 150 g Butternusskürbis, geschält, entkernt und gewürfelt
- 175 ml Vollmilch
- 140 g Flunder- oder Schollenfilet ohne Haut, gewürfelt

Alle Zutaten bis auf die Flunder in einen Topf geben und bei mittlerer Hitze und geschlossenem Deckel 15 Minuten dünsten.

Die Flunder zufügen und bei geschlossenem Deckel 5 Minuten köcheln lassen, bis das Gemüse weich und der Fisch durchgegart ist. Alles glatt pürieren.

Lauwarm servieren oder bis zu 48 Stunden im Kühlschrank kalt stellen bzw. bis zu acht Wochen einfrieren.

Notizen

169

Fisch mit Tomate, Mais & Erbsen

Dieses tolle, schnelle Rezept kann mit allem Gemüse, das Sie vorrätig haben, zubereitet werden. Wenn Sie Konserven verwenden, achten Sie darauf, dass sie keine Salz- oder Zuckerzusätze enthalten.

Vorbereiten: 10 Minuten

Garen: 15–20 Minuten

Portionen: 4

Zutaten

- 1 TL Pflanzenöl
- 1 Knoblauchzehe, zerdrückt
- 40 g Zwiebeln, fein gehackt
- 200 g gehackte Tomaten aus der Dose
- 1–2 EL Wasser
- 140 g Flunder- oder Schollenfilet ohne Haut, gewürfelt
- 70 g Gemüsemais aus der Dose, abgetropft (TK-Ware aufgetaut)
- 70 g Erbsen (TK-Ware)

Das Öl in einem Topf erhitzen. Knoblauch und Zwiebel darin bei mittlerer Hitze 3–4 Minuten andünsten, bis sie weich werden.

Tomaten und Wasser zufügen und bei geschlossenem Deckel 10 Minuten köcheln lassen.

Fisch, Mais und Erbsen zugeben und bei geschlossenem Deckel weitere 5–6 Minuten sanft köcheln lassen, bis der Fisch durchgegart ist.

Alles glatt pürieren. Nach Belieben den Brei durch ein Haarsieb streichen, um die Mais- und Erbsenhäute zurückzuhalten.

Lauwarm servieren oder bis zu 48 Stunden im Kühlschrank kalt stellen bzw. bis zu acht Wochen einfrieren.

Notizen

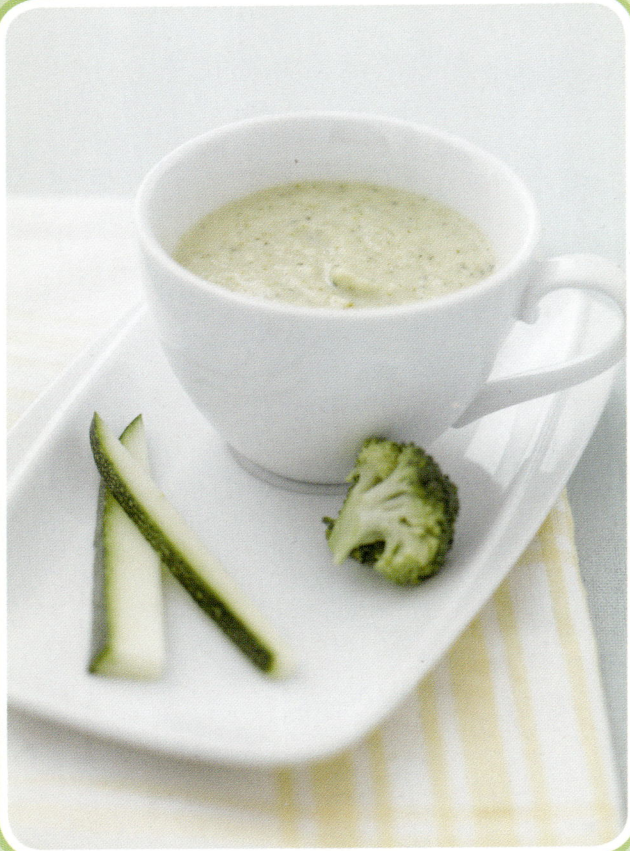

Käse-Flunder mit grünem Gemüse

Da alle weißfleischigen Fischarten relativ mager sind, ist es wichtig, die nötigen Kalorien durch andere Zutaten in die Babykost zu bringen. Bei diesem Rezept wird der Fisch mit Käse kombiniert. Sie können auch Avocado ausprobieren.

Vorbereiten: 10 Minuten
Garen: 20–25 Minuten
Portionen: 4–5

Zutaten

- 25 g Zwiebeln, fein gehackt
- 200 g Zucchini, fein gehackt
- 120 g kleine Brokkoliröschen
- 200 ml Vollmilch
- 150 g Flunder- oder Schollenfilet ohne Haut, gewürfelt
- 40 g mittelalter Gouda, gerieben

Zwiebeln, Zucchini, Brokkoli und Milch in einen Topf geben und bei geschlossenem Deckel 12–14 Minuten köcheln lassen.

Den Fisch zugeben und bei geschlossenem Deckel weitere 6–7 Minuten köcheln lassen, bis der Fisch durchgegart ist. Den Käse zufügen und rühren, bis er geschmolzen ist. Alles glatt pürieren.

Lauwarm servieren oder bis zu 48 Stunden im Kühlschrank kalt stellen bzw. bis zu acht Wochen einfrieren.

Notizen

Leckeres Fisch-Gemüse-Püree

Blumenkohl liefert Folsäure, Kalium und Vitamin C, und im Fisch findet sich reichlich Jod, das unverzichtbar für die Schilddrüsenfunktion ist.

Vorbereiten: 10 Minuten

Garen: 15–20 Minuten

Portionen: 4–5

Zutaten

100 g Karotten, geschält und gewürfelt

100 g Blumenkohl, in kleinen Röschen

175 g Süßkartoffeln, geschält und gewürfelt

140 g Flunder- oder Schollenfilet ohne Haut, gewürfelt

Alle Zutaten bis auf den Fisch in einen Topf geben und bei mittlerer Hitze und geschlossenem Deckel 10–12 Minuten sanft köcheln lassen.

Den Fisch zufügen und bei geschlossenem Deckel 4–5 Minuten mitkochen, bis er durchgegart ist. Alles glatt pürieren.

Lauwarm servieren oder bis zu 48 Stunden im Kühlschrank kalt stellen bzw. bis zu acht Wochen einfrieren.

Notizen

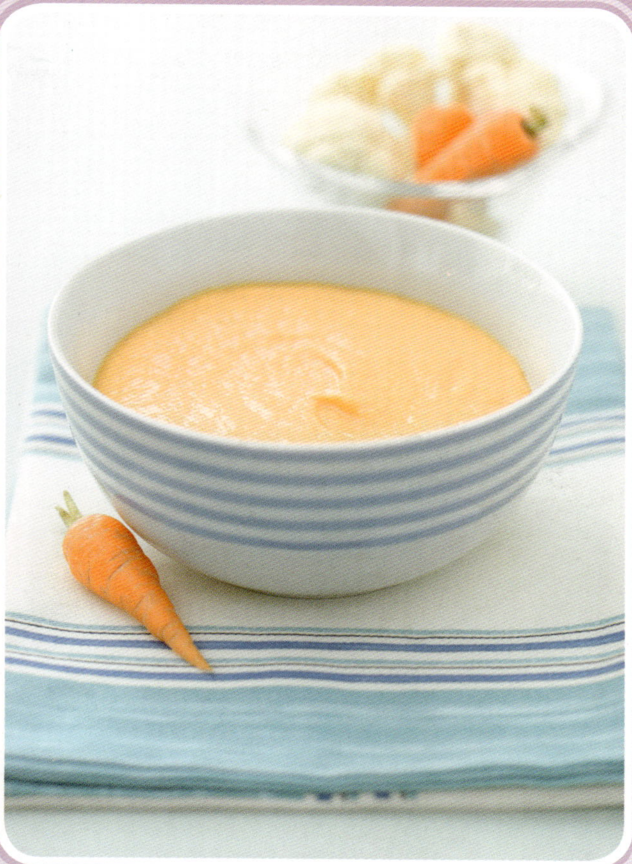

Register

Äpfel
- Apfel-Birnen-Mark 30
- Apfel-Blumenkohl-Brei 42
- Hähnchen-Süßkartoffel-Apfel-Stampf 114
- Happi happi Apfel-Pflaumen-Joghurt 54
- Kürbispüree 38
- Obstgarten-Brei 32
- Popeys Brei 82
- Schweinefleisch mit Kartoffeln & Äpfeln 111

Aprikosen
- Aprikosen-Pflaumen-Brei 29
- Haferbrei mit Aprikosenpüree 50
- Reisbrei mit Aprikose & Banane 47

Avocados
- Avocadocreme 26
- Avocado-Thunfisch-Stampf ohne Kochen 150
- Gegrillter Heilbutt mit Mangosalsa 164
- Zucchini-Avocado-Brei 85

Bananen
- Bananen-Joghurt 56
- Banane to go 18
- Blaubeer-Bananen-Brei 36
- Reisbrei mit Aprikose & Banane 47

Birnen
- Apfel-Birnen-Mark 30
- Babys Birnen-Reis-Speise 44
- Birnenbrei 24
- Obstgarten-Brei 32

Blumenkohl
- Apfel-Blumenkohl-Brei 42
- Blumenkohl-Käse-Creme 88
- Brei aus Grün und Weiß 68
- Brei aus Kartoffeln, Blumenkohl und Porree 79
- Hähnchencurry mit Blumenkohl & Kokos 120
- Leckeres Fisch-Gemüse-Püree 174

Bohnen
- Grüner Frühlingsbrei 74
- Pute & Süßkartoffeln mit Cranberrys 132
- Pute mit Reis 130
- Putt-putt-Pasta 124
- Rindfleisch mit Gemüse & Bohnen 108

Brokkoli
- Brei aus Grün und Weiß 68
- Cremige Lachspasta 138
- Heilbutt mit Brokkoli & Zucchini 158
- Käse-Flunder mit grünem Gemüse 173

Champignons
- Hähnchen-Süßkartoffel-Apfel-Stampf 114
- Lachsnudeln mit Tomate 144
- Pasta mit Hähnchen, Pilzen & Mais 118

Erbsen
- Erbsen-Karotten-Brei 76
- Fisch mit Tomate, Mais & Erbsen 170
- Frühlingsrisotto 94
- Grüner Frühlingsbrei 74
- Hähnchencurry mit Blumenkohl & Kokos 120
- Käse-Kartoffelpüree mit Heilbutt 161
- Lachs mit Erbsen 137
- Pute mit Reis 130
- Süßkartoffel-Erbsen-Brei 73

Flunder
- Fisch mit Tomate, Mais & Erbsen 170
- Flunder mit Kürbis & Karotte 168
- Käse-Flunder mit grünem Gemüse 173
- Kinderleichter Flunder-Kartoffelbrei 167
- Leckeres Fisch-Gemüse-Püree 174

Geflügel
- Cremiges Hühnchen mit Ananas 112
- Hähnchencurry mit Blumenkohl & Kokos 120
- Hähnchen mit Wurzelgemüse 123
- Hähnchen-Süßkartoffel-Apfel-Stampf 114

- Mais-Puten-Stampf 129
- Nudeln süßsauer 117
- Pasta mit Hähnchen, Pilzen & Mais 118
- Pute mit Reis 130
- Puten-Tagine mit Couscous 126
- Pute & Süßkartoffeln mit Cranberrys 132
- Putt-putt-Pasta 124

Gemüsebrühe 14

Heilbutt
- Gegrillter Heilbutt mit Mangosalsa 164
- Heilbutt mit Brokkoli & Zucchini 158
- Heilbutt mit Tomatenpasta 162
- Käse-Kartoffelpüree mit Heilbutt 161

Joghurt
- Bananen-Joghurt 56
- Cremiges Hühnchen mit Ananas 112
- Happi happi Apfel-Pflaumen-Joghurt 54
- Joghurt mit Mangomark 53

Käse
- Blumenkohl-Käse-Creme 88
- Cremige Lachspasta 138
- Cremiges Hühnchen mit Ananas 112
- Frühlingsrisotto 94
- Käse-Flunder mit grünem Gemüse 173
- Käse-Kartoffelpüree mit Heilbutt 161
- Käsenudeln mit Thunfisch & Mais 149
- Kürbis-Pasta 92
- Lachs mit Erbsen 137
- Lachstöpfchen mit Kartoffelpüree 143

Knoblauch
- Fisch mit Tomate, Mais & Erbsen 170
- Gemüsebrühe 14
- Hähnchencurry mit Blumenkohl & Kokos 120
- Puten-Tagine mit Couscous 126
- Rindfleisch-Karotten-Topf 100
- Rindfleisch mit Karotten & Kartoffelbrei 105

Kürbis
- Flunder mit Kürbis & Karotte 168
- Kürbis-Pasta 92
- Kürbispüree 38
- Kürbis-Spinat-Brei 70
- Mais-Kürbis-Brei 67

Lachs
- Cremige Lachspasta 138
- Lachs mit Erbsen 137
- Lachsnudeln mit Tomate 144
- Lachs-Spargel-Risotto 140
- Lachstöpfchen mit Kartoffelpüree 143
- Pasta mit Tomaten-Lachs-Sauce 146
- Lieblings-Linsenmus 86

Mais
- Cremige Seezunge 155
- Fisch mit Tomate, Mais & Erbsen 170
- Käsenudeln mit Thunfisch & Mais 149
- Mais-Kürbis-Brei 67
- Mais-Puten-Stampf 129
- Mehr-als-Frühstücksbrei 80
- Pasta mit Hähnchen, Pilzen & Mais 118
- Tomaten-Mais-Brei 41

Mangos
- Gegrillter Heilbutt mit Mangosalsa 164
- Joghurt mit Mangomark 53
- Mango-Tango 23
- Melonenbrei 20
- Obstgarten-Brei 32

Paprika
- Lachsnudeln mit Tomate 144
- Nudeln süßsauer 117
- Pasta in Fünf-Gemüse-Sauce 91

Pasta
- Cremige Lachspasta 138
- Heilbutt mit Tomatenpasta 162
- Käsenudeln mit Thunfisch & Mais 149
- Kürbis-Pasta 92
- Lachsnudeln mit Tomate 144
- Nudeln süßsauer 117
- Pasta Bolognese 106
- Pasta in Fünf-Gemüse-Sauce 91

- Pasta mit Hähnchen, Pilzen & Mais 118
- Pasta mit Tomaten-Lachs-Sauce 146
- Putt-putt-Pasta 124

Pastinaken
- Hähnchen mit Wurzelgemüse 123
- Wärmender Winterbrei 64

Pfirsich-Melba-Brei 35

Porree
- Brei aus Kartoffeln, Blumenkohl und Porree 79
- Cremige Lachspasta 138
- Frühlingsrisotto 94
- Hähnchen-Süßkartoffel-Apfel-Stampf 114
- Mehr-als-Frühstücksbrei 80

Rindfleisch
- Pasta Bolognese 106
- Rindfleisch-Karotten-Topf 100
- Rindfleisch mit Gemüse & Bohnen 108
- Rindfleisch mit Karotten & Kartoffelbrei 105
- Rindfleisch mit Kartoffeln 99
- Rindfleisch mit Süßkartoffeln & Spinat 102

Schweinefleisch mit Kartoffeln & Äpfeln 111

Seezunge
- Cremige Seezunge 155
- Seezunge mit Kartoffeln & Spinat 152
- Seezunge mit Tomaten & neuen Kartoffeln 156

Sellerie
- Cremige Seezunge 155
- Gemüsebrühe 14
- Heilbutt mit Tomatenpasta 162
- Pasta Bolognese 106
- Pasta mit Tomaten-Lachs-Sauce 146
- Rindfleisch mit Gemüse & Bohnen 108

Spinat
- Kürbis-Spinat-Brei 70
- Lachstöpfchen mit Kartoffelpüree 143
- Popeys Brei 82
- Rindfleisch mit Süßkartoffeln & Spinat 102
- Seezunge mit Kartoffeln & Spinat 152

Süßkartoffeln
- Hähnchen-Süßkartoffel-Apfel-Stampf 114
- Leckeres Fisch-Gemüse-Püree 174
- Pute & Süßkartoffeln mit Cranberrys 132
- Rindfleisch mit Süßkartoffeln & Spinat 102
- Süßkartoffel-Erbsen-Brei 73
- Wärmender Winterbrei 64

Thunfisch
- Avocado-Thunfisch-Stampf ohne Kochen 150
- Käsenudeln mit Thunfisch & Mais 149

Tomaten
- Fisch mit Tomate, Mais & Erbsen 170
- Gegrillter Heilbutt mit Mangosalsa 164
- Heilbutt mit Tomatenpasta 162
- Lachsnudeln mit Tomate 144
- Mehr-als-Frühstücksbrei 80
- Nudeln süßsauer 117
- Pasta Bolognese 106
- Pasta in Fünf-Gemüse-Sauce 91
- Pasta mit Tomaten-Lachs-Sauce 146
- Puten-Tagine mit Couscous 126
- Rindfleisch mit Gemüse & Bohnen 108
- Seezunge mit Tomaten & neuen Kartoffeln 156
- Tomaten-Mais-Brei 41

Zucchini
- Frühlingsrisotto 94
- Grüner Frühlingsbrei 74
- Heilbutt mit Brokkoli & Zucchini 158
- Heilbutt mit Tomatenpasta 162
- Käse-Flunder mit grünem Gemüse 173
- Pasta in Fünf-Gemüse-Sauce 91
- Zucchini-Avocado-Brei 85
- Zucchini-Sommerbrei 62